KB212610

날마다 열매가 나타나는
구역예배공과

하나님의 사람을 **엘맨**
만들어 가는 ELMAN

날마다 열매가 나타나는

구역예배공과

초판1쇄 2022년 1월 1일

지은이 : 21세기 구역공과 편찬위원회
펴낸이 : 이규종
펴낸곳 : 엘맨출판사
등록번호 : 제13-1562호(1985.10.29.)
등록된곳 : 서울시 마포구 토정로 222
한국출판콘텐츠센터 422-3
전화 : (02) 323-4060,6401-7004
팩스 : (02) 323-6416
이메일 : elman1985@hanmail.net

www.elman.kr

ISBN : 978-89-5515-008-7 03230

값 6,500 원

날마다 열매가 나타나는

구역예배공과

하나님의 사람을 **엘맨**
만들어 가는 ELMAN

공과교재 활용지침서

　본 공과교재는 성경적인 강해설교를 요약 정리하여 각 교회에서 활용할수 있도록 교재로 편집한 내용입니다. 여러가지 미비하고 부족한 점이 있더라도 널리 이해해 주시리라 믿습니다.

1. 먼저 다함께 찬송을 부릅니다.
2. 구역(목장,셀,순)의 식구중에 한 사람이 기도를 인도하거나 리더가 합심기도를 인도합니다.
3. 그날 주어진 본문 말씀을 함께 교독 혹은 합독으로 읽습니다.
4. 구역리더가 공과내역을 요약정리하여 설명을 하거나 구역원들이 돌아가면서 공과 내용을 함께 읽습니다. 그러나 미리 예습을 해오는 것이 진행에 도움이 됩니다.
5. 나눔의 시간에 1.2.3 번의 순서에 따라 진솔하게 나눕니다.
   - 서로나눌때 구역원이 소외되지 않도록 돌아가면서 나누십시오.
   - 그러나 부작용이 생길수 있으므로 강요는 하지 말아야합니다.
   - 그리고 새로 참석하신 새 가족을 배려해주어야 합니다.
   - 특별히 개인적인 비밀을 나누었을 때는 비밀을 지켜주어야 합니다.
6. 함께 공유할 기도제목을 나누고 전도할 대상자들을 위하여 합심으로 기도하는 시간을 가집니다.
7. 마지막 찬송을 부르고 주기도문으로 모임을 마칩니다.
8. 풍성한 나눔을 통하여 서로 더 깊이 알아가고 친숙해지며 건강한 공동체로 세워질수 있기를 소망합니다.

인사의 글

우리의 삶의 과정에서 영혼을 살찌우는 일은 무엇보다도 중요합니다. 신앙의 기초를 든든히 하는 일, 믿음의 기둥을 세우는 일, 그리고 바람이 불어도 날아가지 않을 지붕을 씌우는 일, 이 모든 것이 예배와 교육으로 이루어집니다. 구역예배는 글자 그대로 구역식구들이 모여서 하나님께 예배드리는 시간입니다. 그런 가운데 말씀을 읽고, 듣고, 마음에 새기게 됩니다. 그러기에 기독교의 예배는 그 자체가 교육입니다. 그리고 구역식구들이 모여서 예배와 함께 성도의 교제를 나누는 귀한 공동체적 시간입니다. 이 시간을 통하여 우리의 믿음과 신앙생활이 성장하고 발전합니다. 그러므로 우리는 구역예배를 소홀히 해서는 안 됩니다.

이번 공과는 신앙생활의 기초가 되는 주제들을 다시 한번 살펴보면서, 그동안 흐트러졌던 우리들의 신앙의 자세를 추스르고, 하나님께 더 가까이 다가설 수 있도록 하였습니다. 그리고 구역식구들이 함께 읽고 기도하도록 쉽게 만들었습니다.

아무튼 구역예배를 통하여 개인의 영적 성장과 함께 교회의 성장이 이루어지기를 기대하며, 이 교재를 이용하는 모든 교회에 하나님의 크신 사랑이 함께 하시기를 기도합니다.

21세기 구역공과 편찬위원회

차례

1월

전진하는 신앙생활

승리하는 믿음
새 힘을 주시는 여호와
성령과 불
주님 바라보고 삽시다

제 1 과
승리하는 믿음

성경 : 민 14:1-10절
찬송 : 347장, 542장

"여호와께서 우리를 기뻐하시면 우리를 그 땅으로 인도하여 들이시고 그 땅을 우리에게 주시리라 이는 과연 젖과 꿀이 흐르는 땅이니라. 다만 여호와를 거역하지는 말라 또 그 땅 백성을 두려워하지 말라 그들은 우리의 먹이라 그들의 보호자는 그들에게서 떠났고 여호와는 우리와 함께 하시느니라 그들을 두려워하지 말라."(8-9절)

출애굽한 이스라엘 백성들 가운데 그 당시에 나이 20세 이상의 사람으로서 유일하게 가나안 땅에 들어갔던 사람은 여호수아와 갈렙뿐이며, 이외에는 모두 가나안 땅에 들어가지 못하고 광야에서 죽었습니다. 여호수아와 갈렙과 함께 가나안 땅을 정탐한 사람들 10명의 비관적인 보고로 인해 출애굽 1세대는 모두 광야에서 죽임을 당했습니다.

그러면 여호수아와 갈렙이 가나안 땅에 들어 갈 수 있었던 이유는 무엇입니까? 그것은 바로 믿음입니다. 여호수아와 갈렙은 승리하는 믿음이 어떤 것인지 우리에게 보여주고 있습니다. 그것을 말씀을 통해 살펴보겠습니다.

첫째, 하나님을 거역하지 않는 것입니다.

가나안 땅에 대해 비관적인 보고를 한 열 정탐꾼의 말을 들은 이스라엘 백성들은 밤새도록 통곡을 했고 심지어 모세와 아론을 원망하면서 **"한 지휘관을 세우고 애굽으로 돌아가자"**(4절)는 말까지 했습니다.

이 때 여호수아와 갈렙은 자신들의 옷을 찢고 **"여호와께서 우리를 기뻐하시면 우리를 그 땅으로 인도하여 들이시고 그 땅을 우리에게 주시리라. 이는 과연 젖과 꿀이 흐르는 땅이니라.… 다만 여호와를 거역하지는 말라."**(8-9절)고 했습니다.

이스라엘 백성들이 열 정탐꾼의 비관적인 보고를 듣고 모세와 아론을 원망한 것은 하나님을 거역한 행위입니다. 하나님을 거역하는 것은 불신앙의 행위와 다름이 없습니다. 하나님께서 이스라엘 민족을 애굽에서 인도해 내신 이유는 가나안 땅을 주시기 위해서인데 이스라엘 백성들은 눈앞의 난관 때문에 하나님을 믿지 못했습니다. 우리가 승리하는 믿음을 가지려면 무엇보다 하나님을 거역하지 말아야 합니다. 하나님의 말씀에 전적으로 순종해야 합니다.

둘째, 난관을 두려워하지 않는 것입니다.

여호수아와 갈렙은 또 **"그 땅 백성을 두려워하지 말라. 그들은 우리의 먹이라. 그들의 보호자는 그들에게서 떠났고 여호와는 우리와 함께 하시느니라. 그들을 두려워하지 말라"**(9절)고 했습니다. 여호수아와 갈렙은 '두려워하지 말라'는 말을 연거푸 했는데 두려움은 바로 불신앙에서 나오는 감정입니다.

사도 요한은 **"두려움에는 형벌이 있음이라"**(요일 4:18절)고 했는데 왜 두려움에 형벌이 있겠습니까? 그 이유는 두려움은 불신앙에 속하기 때문입니다. 이스라엘 민족의 사례에서 알 수 있듯이 불신앙은 형벌을 가져옵니다.

하나님에 대한 전폭적인 믿음이 있으면 가나안 땅의 백성이 아무리 신장이 장대하고 싸움을 잘한다고 해도 두렵지 않을 것입니다.

여호수아와 갈렙이 가나안 땅에 들어가서 그 땅을 차지할 수 있었던 것은 두려움이 없는 믿음이 있었기 때문입니다. 우리가 승리하려면 눈앞에 보이는 난관을 두려워하지 말아야 합니다. 도리어 모든 난관에서 능히 우리를 도와주실 수 있는 하나님을 바라보아야 합니다. 하나님을 전폭적으로 믿고 의지하는 사람은 태산 같은 난관이 앞을 가로막을지라도 두려워하지 않고 앞을 향해 담대하게 나아갈 수 있습니다.

여러분! 여호수아와 갈렙처럼 승리하는 믿음의 삶을 살아가기 원하십니까? 그렇다면 여호수아와 갈렙처럼 하나님을 거역하지 말고 어떤 난관 앞에서도 두려워하지 마십시오. 하나님을 거역하고 난관을 두려워하는 것은 그만큼 믿음이 부족함을 드러내는 것입니다.

사도 요한은 **"세상을 이기는 승리는 이것이니 우리의 믿음이니라."**(요일 5:4) 라고 했습니다. 하나님의 말씀에 순종하고 어떤 난관 앞에서도 두려워하지 않는 믿음은 우리로 하여금 세상을 이기게 합니다. 아무쪼록 우리 모든 성도들이 이와 같은 믿음으로 이 험한 세상을 승리하며 살아가시기를 바랍니다.

함께 나누기

1. 오늘 말씀 중에 가장 마음에 남는 말씀은 무엇입니까?

_____

_____

_____

_____

2. 그 말씀이 마음에 남는 이유가 무엇입니까?

_____

_____

_____

_____

3. 오늘의 말씀을 통하여 실천해야 될 사항은 무엇입니까?

_____

_____

_____

_____

한 주간의 기도 제목

나 _____

가정 _____

교회 _____

제 2 과
새 힘을 주시는 여호와

성경 : 사 40:25-31절
찬송 : 354장, 377장

"오직 여호와를 앙망하는 자는 새 힘을 얻으리니 독수리가 날개치며 올라감 같을 것이요 달음박질하여도 곤비하지 아니하겠고 걸어가도 피곤하지 아니하리로다."(31절)

하나님은 천지 만물을 창조하시고 그 창조의 목적대로 계획을 세우고 섭리해 가시는 분이십니다. 또 하나님은 모든 것을 아시고 전능시고 능치 못함이 없으신 분입니다.

그러나 우리의 생활에 고난과 시련이 찾아오고, 이 고난 속에서 침묵하시는 하나님을 인하여 괴로움과 갈등을 겪으며 하나님께 대한 의문을 품을 때도 있습니다.

본문은 이러한 성도들에게 주시는 말씀입니다. 오늘 허락하신 말씀을 통해 여러분의 의문이 해결되고, 위로 받고, 새 힘을 얻게 되시기를 소망합니다. 오늘 이 시간에는 힘을 더하시는 전능하신 하나님에 대해 말씀을 통해 살펴보겠습니다.

첫째, 하나님은 영원하신 분이십니다.

하나님은 영원하신 창조주 하나님, 피곤과 고달픔이 없는 하나님, 명철하신 하나님이십니다. 그런 하나님께서 우리에게 능력과 힘을 더해 주고 계십니다. 중요한 것은 이 사실을 우리가 확신하느냐입니다.

여러분, 피곤하고 힘들 때, 지쳐 주저앉고 싶을 때에는 눈을 높이 들어서 이 천지 만물, 피조물들을 바라보십시오. 그리고 그 하나님의 절대 전능하심을 다시 한 번 확신하십시오. 만물을 지으시고 그 만물의 이름을 하나도 잊지 않으시는 하나님께서 여러분의 이름도 다 알고 계시고 친히 인도해 가심을 믿으시기 바랍니다. 문제는 하나님 편에 있는 것이 아니라 항상 우리 자신에게 있습니다.

둘째, 하나님은 힘을 더해 주십니다.

오늘 성경은 '**하나님께서 힘을 더해 주신다**'고 말씀합니다. 29절에 **"피곤한 자에게는 능력을 주시며 무능한 자에게는 힘을 더하시나니"** 라고 말씀하셨습니다.

성도가 왜 어려움을 당합니까? 하나님을 떠났기 때문입니다. '삼손'을 보십시오. 삼손은 나귀턱뼈 한 개로 1천 명을 무찌른 사사입니다. 그가 천하무적의 힘을 뺏기고 눈이 뽑히고 우상의 신전 앞에서 조롱을 당한 것이 무엇 때문이었습니까? 하나님을 떠났기 때문이었습니다. 고난은 이렇게 인간 스스로가 자초하는 것입니다.

그러나 하나님은 삼손을 그냥 두지 않으셨습니다. **"삼손이 여호와께 부르짖어 이르되 주 여호와여 구하옵나니 나를 생각하옵소서 하나님이여 구하옵나니 이번만 나를 강하게 하사 나의 두 눈을 뺀 블레셋 사람에게 원수를 단번에 갚게 하옵소서"**(삿16:28) 라고 부르짖었을 때 하나님은 응답해 주셨습니다.

하나님 쪽에서 힘이 없어진 것이 아니라 삼손 자신이 힘을 잃어버린 것입니다. 삼손이 다시 전능하신 하나님을 의지하고 힘 주시기를 간구했을 때 하나님은 그에게 힘을 더하셔서 그가 살아오는 내

내 무찔렀던 적들의 수보다 죽는 그날에 죽인 수가 더 많게 역사해 주셨습니다.

여러분! 이 힘을 얻기 위하여 오늘 성경은 **"여호와를 앙망하라"**고 말씀하시는데, 이는 사모하라는 뜻입니다. 그러면 새 힘을 주시겠다고 약속하셨습니다. 우리의 육체나 지식, 돈이나 권세에서 나오는 힘이 아니라 하나님 아버지께서 우리가 환경을 이기고 역경을 이길 수 있는 '새힘'과 '능력'을 주십니다.

이 사실을 믿고, 힘들수록 더욱 하나님을 의지하고 더욱 믿음으로 하나님을 사모하시기를 바랍니다. 그리하여 매 순간의 역경을 통해 환경을 변화시키는 하나님의 역사를 체험하는 모든 구역원들이 되시기를 바랍니다.

함께 나누기

1. 오늘 말씀 중에 가장 마음에 남는 말씀은 무엇입니까?

_____

_____

_____

_____

2. 그 말씀이 마음에 남는 이유가 무엇입니까?

_____

_____

_____

_____

3. 오늘의 말씀을 통하여 실천해야 될 사항은 무엇입니까?

_____

_____

_____

_____

한 주간의 기도 제목

나 _____

가정 _____

교회 _____

제3과

성령과 불

성경 : 마 3:11-12절
찬송 : 184장, 268장

"나는 너희로 회개하게 하기 위하여 물로 세례를 베풀거니와 내 뒤에 오시는 이는 나보다 능력이 많으시니 나는 그의 신을 들기도 감당하지 못하겠노라 그는 성령과 불로 너희에게 세례를 베푸실 것이요."(11절)

요단강에서 물로 세례를 베푼 세례 요한은 자기에게 모여든 사람들에게 예수님에 대해 증거하면서 **"그는 성령과 불로 너희에게 세례를 베푸실 것"**(11절)이라고 말했습니다. 불은 성령이 가진 여러 가지 속성 가운데 하나입니다. 성령은 바람, 불, 생수, 기름 등등 여러 가지 속성이 있는데 이는 성령의 여러 가지 특질을 잘 보여주고 있습니다. 세례 요한이 예수님께서 성령과 불로 세례를 주신다고 증거한 것은 성령이 가진 불의 속성을 은연중에 드러내고 있습니다. 오순절의 성령도 불과 같이 제자들에게 강림하셨습니다.

그러면 불과 같은 성령은 어떤 분이십니까? 여러 가지를 들 수 있지만 중요한 속성을 다음과 같이 살펴보겠습니다.

첫째, 더러운 죄를 태우시는 분입니다.

불이 가진 중요한 속성은 태우는 것입니다. 불은 사물을 태워서 없앨 수 있습니다. 그래서 쓰레기 처리장에서 쓰레기를 없앨 때는 불로 소각하는 방법을 많이 쓰고 있습니다. 또한 금이나 은에서 불순물을 없애려면 뜨거운 불에 넣어야 합니다. 이처럼 불은 더러운 것이나 불순물을 태워서 정화를 하는 기능이 있습니다.

성령은 우리의 더러운 죄를 불로 태우심으로써 우리의 영을 깨끗하게 하시는 분입니다. 그래서 성령을 받으면 죄를 고백하고 회개하게 됩니다. 우리가 모든 더러운 죄에서 깨끗함을 받으려면 성령을 충만하게 받아야 합니다.

둘째, 진리를 조명하시는 분입니다.

불은 어두운 곳을 밝히는 특징이 있습니다. 그래서 밤에 활동을 하거나 식별하려면 반드시 불이 있어야 합니다. 이처럼 불은 조명을 하는 기능이 있습니다. 조명이란 빛으로 밝게 비추는 것을 의미합니다. 성령은 바로 진리를 조명하시는 분입니다.

우리가 어두운 곳에서 책을 읽으려면 조명이 있어야 하듯이 하나님의 말씀인 성경의 진리를 알려면 성경의 원저자이신 성령의 조명을 받아야 합니다. "예수 더 알기 원하네" 찬송가에는 "성령이 스승되셔서 진리를 가르치시고"라는 가사가 있지 않습니까? 우리가 성령을 받으면 진리를 바르게 알 수 있습니다.

셋째, 신앙생활에 열심을 내게 하시는 분입니다.

불은 '뜨겁다'는 특징이 있습니다. 불은 이 뜨거움으로 냉수를 온수로 바꾸고 추위를 더위로 바꿉니다. 신앙도 뜨거움이 필요합니다. 주님은 신앙이 미지근했던 라오디게아 교회를 향해 **"내 입에서 너를 토하여 버리리라."**(계 3:16)고 하셨습니다.

뜨거운 신앙은 주님을 믿고 섬기는 일에 열심을 냅니다. 주님이 라오디게아를 향해 하신 말씀도 **"열심을 내라"**(계3:19)입니다. 성령은 우리의 미지근한 신앙을 뜨겁게 하시어 신앙생활에 열심을 내게 하시는 분입니다. 그러므로 우리가 열심 있는 뜨거운 신앙을 가지려면 성령을 충만하게 받아야 합니다.

성도 여러분! 우리는 이미 물로 세례를 받았어도 불과 성령으로도 세례를 받아야 합니다. 불과 같은 성령은 더러운 죄를 태우시고 진리를 조명하시고 신앙생활에 열심을 내게 하시는 분입니다. 그러므로 성령을 충만하게 받은 사람은 정결한 심령을 가지고 바른 진리 위에 서서 열심이 있는 신앙생활을 할 수 있습니다.

우리는 이러한 신앙의 삶을 위해 불과 같은 성령이 임하기를 간절히 사모해야 합니다. 아무쪼록 성도들이 불과 같은 성령을 충만하게 받아서 하나님이 원하시는 신앙생활을 하시기를 바랍니다.

함께 나누기

1. 오늘 말씀 중에 가장 마음에 남는 말씀은 무엇입니까?

_____

_____

_____

_____

2. 그 말씀이 마음에 남는 이유가 무엇입니까?

_____

_____

_____

_____

3. 오늘의 말씀을 통하여 실천해야 될 사항은 무엇입니까?

_____

_____

_____

_____

한 주간의 기도 제목

나 _____

가정 _____

교회 _____

주님 바라보고 삽시다

성경 : 빌 3:12-16절
찬송 : 435장, 430장

"푯대를 향하여 그리스도 예수 안에서 하나님이 위에서 부르신 부름의 상을 위하여 달려가노라."(14절)

어느 캄캄한 밤에 한 어른이 공동묘지 곁을 지나가는데, 음산한 분위기에 그의 등골이 오싹했습니다. 그 때 한 어린 소녀가 옆을 스치며 지나가고 있었습니다. 그런데 신기하게도 그 소녀는 조금도 무서워하는 기색이 없이 오히려 휘파람을 불면서 경쾌하게 발걸음을 옮기고 있었습니다. 그 모습이 너무도 기특해서 어른은 소녀를 불러서 잠시 물어 보았습니다 "애야, 너는 밤중에 공동묘지 곁을 지나가면서 조금도 무서워하는 기색이 없구나." 그러자 소녀는 오히려 이상하다는 듯이 대답했습니다.

"아저씨, 무섭기는 왜 무서워요?" "그래, 너는 전혀 무섭지 않단 말이냐?" "그럼요. 저기 환한 불빛이 보이지요? 저기가 바로 우리집이에요. 내가 우리집으로 가는데 왜 무서워요?" "하하하. 그래. 조심해서 가거라!" 소녀는 다시 경쾌하게 걸어갔습니다.

무덤만 바라보면서 걸어가는 사람의 발걸음과 무덤 건너편에 있는 자기 집을 바라보면서 걸어가는 사람의 발걸음 사이에는 그야말로 엄청난 차이가 있습니다. 그런데 때로 우리도 무덤만을 보고 가는 어른과도 같습니다.

오늘 본문을 보면 사도 바울이 14절에서 **"푯대를 향하여 그리스도 예수 안에서 하나님이 위에서 부르신 부름의 상을 위하여 달려나노**

라.”고 합니다. 오직 주님만 바라보고 달려간다고 하였습니다. 그러면 오직 주님만 바라보고 사는 삶은 어떤 삶일까요?

첫째, 그것은 주님을 생각하며 사는 삶입니다.

우리가 하루 종일 주님만 생각하며 산다면 얼마나 좋겠습니까? 그런데 이게 불가능합니다. 어떤 교회에서 24시간 기도회가 열렸습니다. 많은 분들이 참여하여 시간시간 기도하고 찬송하며 말씀을 봅니다. 기도회가 마칠 무렵 목사님이 묻습니다.

“어때요. 24시간 동안 주님만 생각하셨습니까?” 이 물음에 모든 사람들이 동일하게 대답합니다. “아니요” 기도하러 모여서도 가정 생각, 자녀 생각, 돈 생각 등 여러 가지 생각을 합니다.

이렇게 사람은 주님만 생각하며 산다는 것이 불가능합니다. 그래서 시편기자는 **“나의 반석이시오 나의 구속자이신 여호와여 내 입의 말과 마음의 묵상이 주님 앞에 열납되기를 원하나이다.”**(시19:14)라고 기도했습니다. 이 말은 ‘나의 반석이 되시고 나의 구원자가 되시는 여호와여, 내 입의 말과 내 마음의 생각이 주가 보시기에도 기뻐할 만한 것이 되게 하소서.’라는 말입니다. 순간순간 우리는 주님을 생각하며 살아야합니다. 이렇게 기도하며 살아야 합니다. 그것이 주님만 바라보고 사는 삶입니다.

둘째, 시선을 주님께로 향하는 것입니다.

마태복음 14장에 물 위를 걷는 베드로의 이야기가 나옵니다. 그런데 그렇게 물 위를 걷던 베드로가 한순간 물에 빠집니다. 베드로는 주님을 바로보고 물 위를 걸었습니다. 그런데 어느 순간 주님을 바라보기보다는 파도를 보고 바람을 봅니다. 그 순간 덜컥 겁이 납니다. 그 순간 베드로는 바다에 빠지고 맙니다. 시선을 다른 곳으로 돌리는 순간 이런 일이 벌어집니다.

올림픽이 열릴 때마다 사람들이 숨죽이고 보는 경기가 있습니다.

바로 양궁입니다. 올림픽에서 양궁선수들이 쏘는 거리가 70m입니다. 엄청난 거리입니다. 여기서 10점의 표적지는 불과 10cm 정도입니다. 10점 표적지가 보이지 않는다고 합니다.

그 먼 거리를 어떻게 맞출까요? 제가 가만히 보니 양궁선수들은 그 표적지를 끝까지 응시합니다. 다른 곳에 일체 눈을 돌리지 않습니다. 비결은 다른 곳으로 일체 눈을 돌리지 않는 것입니다.

우리는 신앙생활하면서 자꾸 다른 곳으로 눈을 돌립니다. 여기저기 기웃기웃합니다. 그러나 그것은 옳지 못합니다. 오직 우리 눈을 주님께로 고정해야 합니다. 그 주님만 바라보려고 애를 써야 합니다. 그래서 주님만을 바라보고 살아가므로 주님이 주시는 은혜와 복을 누리며 살아가시기를 바랍니다.

함께 나누기

1. 오늘 말씀 중에 가장 마음에 남는 말씀은 무엇입니까?

_____

_____

_____

_____

2. 그 말씀이 마음에 남는 이유가 무엇입니까?

_____

_____

_____

_____

3. 오늘의 말씀을 통하여 실천해야 될 사항은 무엇입니까?

_____

_____

_____

_____

한 주간의 기도 제목

나 _____

가정 _____

교회 _____

2월

승리하는 신앙생활

믿음이 보배로운 이유
진정한 믿음의 힘
뒤로 물러가지 말라
이 물이 이르는 곳마다

제 5 과
믿음이 보배로운 이유

성경 : 벧후 1:1-2절
찬송 : 540장, 542장

"예수 그리스도의 종이며 사도인 시몬 베드로는 우리 하나님과 구주 예수 그리스도의 의를 힘입어 동일하게 보배로운 믿음을 우리와 함께 받은 자들에게 편지하노니 하나님과 우리 주 예수를 앎으로 은혜와 평강이 너희에게 더욱 많을지어다."(1-2절)

우리 성도의 능력은 믿음에 있습니다. 세상에서 두뇌나 권세나 물질이 능력의 기준이 되지만 기독교 신앙의 세계관에서는 믿음이 능력의 기준입니다. 사도 바울은 본문 1절에서 **"우리 하나님과 구주 예수 그리스도의 의를 힘입어 동일하게 보배로운 믿음을 우리와 함께 받은 자들에게 편지한다"**고 썼습니다. 이는 믿음이 그만큼 귀중한 것임을 드러낸 것입니다.

그러면 믿음이 보배로운 이유가 무엇입니까? 그 이유를 말씀을 통해 살펴보겠습니다.

첫째, 구원을 이루게 합니다.

믿음이 보배로운 이유는 천하보다 귀한 생명을 구원하기 때문입니다. 예수님은 병자들을 고치실 때 **"네 믿음이 너를 구원하였다"**(마 9:22)라는 말씀을 많이 하셨습니다. 이 구원은 육신을 질병에서 고치는 것뿐만 아니라 영혼을 멸망에서 건지는 것도 포함하는 전인적인 구원입니다.

우리가 천하보다 귀한 자신의 생명을 구원하려면 믿음이 있어야 합니다. 사도 바울은 믿음으로 말미암아 구원을 받는다고 증거했고 (엡 2:8), 사도 베드로도 믿음의 결국은 영혼의 구원이라고 증거했습니다.(벧후 1:9) 이처럼 믿음은 세상의 그 무엇과도 바꿀 수 없는 생명을 구원하기에 보배롭습니다.

둘째, 소망을 이루게 합니다.

믿음이 능력 있는 이유는 소원의 성취를 가능하게 하기 때문입니다. 예수님은 귀신 들린 아들의 치유를 간절히 소망하는 아버지에게 **"믿는 자에게는 능히 하지 못 할 일이 없느니라"**(막 9:23)고 하셨습니다.

히브리서 기자는 히브리서 11장에서 믿음의 인물들을 소개하면서 그들이 행한 놀라운 능력과 업적은 모두 믿음으로 말미암은 것이라고 증거했습니다. 하나님은 믿는 자에게 능력을 행하시는 분이시기에 우리도 믿음이 있으면 소망을 성취할 수 있습니다. 믿음은 소망을 이루게 하기에 보배롭습니다.

셋째, 세상을 이기게 합니다.

인생은 흔히 전쟁이라고 합니다. 꼭 무기를 들고 싸우는 것만이 전쟁이 아닙니다. 사람이 태어나면 입시 전쟁, 취업 전쟁뿐만 아니라 삶의 여러 가지 문제와 전쟁을 해야 합니다. 우리의 인생에 시시각각으로 다가오는 고난도 전쟁의 대상입니다. 믿음으로 성도는 바로 세상의 이러한 전쟁에서 승리합니다.

사도 요한은 **"무릇 하나님께로부터 난 자마다 세상을 이기느니라. 세상을 이기는 승리는 이것이니 우리의 믿음이니라"**(요일 5:4)고 증

거했습니다. 우리 성도는 하나님께로부터 난 자입니다. 우리 성도가
이 험한 세상을 이기려면 반드시 믿음이 있어야 합니다. 믿음은 우
리로 하여금 세상을 이기게 하기에 보배롭습니다.

성도 여러분! 믿음은 보배롭습니다. 믿음을 보배에 비유한 베드로
는 믿음은 금보다 더 귀하다고 증거했습니다.(벧전 1:7) 믿음이 보배
로운 이유는 구원과 소망을 이루게 하고 세상을 이기게 하기 때문입
니다. 그러기에 우리 성도는 큰 믿음의 사람이 되시기를 간절히 사
모해야 합니다. 아무쪼록 우리 모든 성도들이 믿음의 놀라운 가치
를 알고 보배로운 믿음을 소유하는 능력 있는 그리스도인이 되시기
를 바랍니다.

함께 나누기

1. 오늘 말씀 중에 가장 마음에 남는 말씀은 무엇입니까?

_____

_____

_____

_____

2. 그 말씀이 마음에 남는 이유가 무엇입니까?

_____

_____

_____

_____

3. 오늘의 말씀을 통하여 실천해야 될 사항은 무엇입니까?

_____

_____

_____

_____

한 주간의 기도 제목

나 _____

가정 _____

교회 _____

제 6 과
진정한 믿음의 힘

성경 : 단 6:16-18절
찬송 : 435장, 540장

"이에 왕이 명령하매 다니엘을 끌어다가 사자 굴에 던져 넣는지라 왕이 다니엘에게 이르되 네가 항상 섬기는 너의 하나님이 너를 구원하시리라 하니라."(16절)

충남 공주의 공주제일교회 마당 구석에 고풍스런 비석이 하나 서 있습니다. 이 비석은 일제 강점기 때 이 교회 성도였던 양두현, 지루두 부부를 기념해 1939년에 세운 것입니다.

이 두 분은 공주제일교회 초대 성도였는데 특히 지루두 부인의 믿음이 대단했습니다. 1920년대 미국의 경제 공황으로 선교비가 줄어들고 교회 살림도 어려워져 목회자 생활비도 제때 줄 수 없을 지경에 이르렀습니다. 그런 사정을 전해들은 지루두 부인이 자신의 소유로 돼 있던 토지를 교회에 바칠 생각을 하고 있었는데, 갑자기 세상을 떠나고 말았습니다. 양두현 씨는 부인의 장례를 치른 후 부인의 뜻에 따라 부인 소유의 토지뿐 아니라 그보다 더 많은 자신의 땅을 교회에 바쳤습니다.

부부가 바친 토지에서 매년 쌀 70석이 나와 일제 말기의 어려웠던 시절에도 공주제일교회 교역자들은 안심하고 목회에 전념할 수 있었습니다.

이 부부는 부인도 부인이지만 남편도 대단했습니다. 부부끼리만 알고 있던 비밀의 약속을 부인 사후에 그대로 지켰을 뿐 아니라 부인 몫보다 더 많은 자신의 땅을 기증했습니다. 이 부부의 신앙에 자극을 받은 성도들이 서로 땅을 기증했습니다. 이처럼 과거 공주제일

교회의 뜰에 서 있는 기념비는 초대 성도들의 아름다운 신앙 전통을 말없이 증언하고 있습니다.

오늘 본문은 다니엘이 사자 굴에 던져지자 다리오 왕이 어떤 행동을 했는가를 보여줍니다. 이것을 통해 우리는 다니엘이 얼마나 믿음의 덕을 세웠는지를 알 수 있습니다. 본문을 통해 진정한 믿음의 힘이 무엇인지 함께 살펴보겠습니다.

첫째, 진정한 믿음을 본 다리오 왕의 반응입니다.

사실 다리오 왕은 이런 모든 흉계가 다니엘을 죽이고자 하는 것인지를 몰랐습니다. 그래서 어찌어찌 하다 보니 흔히 우리가 하는 말로 정신을 차려보니 다니엘을 사자굴에 집어 넣어버렸습니다. 그래서 어떻게 합니까? 본문 18절 말씀대로 다니엘이 당하는 고난으로 인해 왕이 금식합니다. 오락을 금하고 잠을 자지 않습니다. 이렇게 진정한 믿음의 사람은 다른 사람의 마음에 영향을 줍니다. 다른 사람의 사랑과 신뢰를 받습니다. 이것이 진정한 믿음의 힘입니다.

둘째, 다른 사람을 기도하게 만듭니다.

"이에 왕이 명령하매 다니엘을 끌어다가 사자 굴에 던져 넣는지라 왕이 다니엘에게 이르되 네가 항상 섬기는 너의 하나님이 너를 구원하시리라 하니라."(16절)

왕은 어쩔 수 없이 다니엘을 사자 굴에 집어넣기는 하지만 그러나 왕은 다니엘을 위해 기도합니다. 진정한 믿음의 힘은 다른 사람을 신앙으로 이끕니다. 하나님을 보게 합니다. 그래서 그들도 하나님을 경외하는 사람으로 만듭니다.

물론 우리의 선행이 사람을 구원하는 것은 아닙니다. 구원은 오직 주님이 하십니다. 그러나 그 선행과 덕이 다른 사람으로 하여금 신앙을 갖게 하는 도구가 되기도 합니다. 그러기에 우리는 믿음의 덕을 세우며 살아야 합니다.

우리가 진정한 믿음의 삶을 살아 덕을 세워 다른 사람이 예수를 믿게 하며 그 사람에게 선한 영향력을 끼칠 수 있어야 합니다. 이것이 진정한 믿음의 힘입니다.

우리 모두가 하나님을 믿는 모습의 선한 영향으로 사람들을 하나님께로 인도하여 하나님께 영광을 돌리는 진정한 믿음의 힘을 지닌 그리스도인들이 되시기를 바랍니다.

함께 나누기

1. 오늘 말씀 중에 가장 마음에 남는 말씀은 무엇입니까?

_____

_____

_____

_____

2. 그 말씀이 마음에 남는 이유가 무엇입니까?

_____

_____

_____

_____

3. 오늘의 말씀을 통하여 실천해야 될 사항은 무엇입니까?

_____

_____

_____

_____

한 주간의 기도 제목

나 _____

가정 _____

교회 _____

제 7 과
뒤로 물러가지 말라

성경 : 히 10:36-39절
찬송 : 542장, 545장

"우리는 뒤로 물러가 멸망할 자가 아니요 오직 영혼을 구원함에 이르는 믿음을 가진 자니라."(39절)

신앙생활은 세상과 사탄을 대항하여 싸우는 영적인 전쟁입니다. 전쟁을 승리로 이끌기 위해서는 용감하게 앞으로 나가야 합니다. 우세한 전투를 하는 군대는 적진으로 깊숙이 나아가지만 열세에 몰린 군대는 뒤로 퇴각하는 경우가 많습니다.

우리가 신앙생활에서 승리하려면 앞으로 힘차게 전진해야지 뒤로 물러가면 안 됩니다. 히브리서 기자는 본문 39절에서 **"우리는 뒤로 물러가 멸망할 자가 아니요 오직 영혼을 구원함에 이르는 믿음을 가진 자니라."**라고 증거했습니다.

우리 그리스도인들이 신앙생활에서 승리하기 위한 방법을 하나님께서 주시는 말씀을 통해 살펴보겠습니다.

첫째, 승리하려면 믿음으로 나아가야 합니다.

본문 38절에는 **"나의 의인은 믿음으로 말미암아 살리라."** 하는 말씀이 있습니다. 믿음으로 말미암아 산다는 것은 믿음으로 말미암아 승리한다는 것과 같은 의미입니다.

전쟁에서 살아남으려면 이겨야 하지 않습니까? 살면 이기는 것이지만 죽으면 지는 것입니다. 우리가 영적 전쟁에서 승리하려면 믿음으로 나아가야 합니다.

사도 요한은 **"세상을 이기는 승리는 이것이니 우리의 믿음이니라."**(요일 5:4) 하고 증거했습니다. 믿음이 우리에게 승리를 가져옵니다.

그러면 왜 믿음이 있어야 승리할 수 있겠습니까? 그 이유는 전능하신 하나님이 믿는 자와 함께 하시고 믿음으로 나아가는 사람을 도와주시기 때문입니다. 예수님이 공생애 사역을 하실 때 믿음으로 예수님께 나아간 병자들은 모두가 고침을 받았습니다. 예수님은 그들에게 **"네 믿음이 너를 구원하였느니라."**(눅 18:42)라고 하셨습니다. 여호수아와 갈렙이 가나안 땅을 차지한 것도 믿음으로 말미암은 것입니다. 승리는 믿는 자의 것입니다.

둘째, 뒤로 물러가면 패망에 이르게 됩니다.

본문 38절에는 **"뒤로 물러가면 내 마음이 그를 기뻐하지 아니하리라."**는 말씀이 있습니다. 이 말씀은 뒤로 물러가는 것은 하나님이 원하지 않으시는 일임을 밝히 드러내고 있습니다. 하나님은 왜 뒤로 물러가는 것을 기뻐하지 아니하시겠습니까? 그것은 뒤로 물러가면 패망을 자초하기 때문입니다.

본문 39절에는 **"우리는 뒤로 물러가 멸망할 자가 아니요"**라는 말씀이 있는데 이 말씀은 뒤로 물러가면 멸망에 이르게 된다는 것을 드러내고 있습니다. 전쟁에서 패잔병들은 뒤로 물러가지 않습니까? 뒤로 물러가는 것은 패배자의 모습과 다르지 않습니다.

모세가 가나안 땅으로 보낸 열두 명의 정탐꾼 가운데 갈렙은 **"우리가 곧 올라가서 그 땅을 취하자. 능히 이기리라."**(민 13:30) 했으나, 여호수아를 제외한 나머지 정탐꾼들은 **"우리는 능히 올라가서 그 백성을 치지 못하리라. 그들은 우리보다 강하니라."**(민 13:31) 하며 부정적인 보고를 했습니다.

가나안 땅에 대해 부정적인 보고를 하는 것은 믿음의 반대인 의심의 행위로서 뒤로 물러가는 것과 같습니다. 결국 이들은 모두 하나님 앞에서 재앙으로 죽고 말았습니다. 이처럼 믿음이 없는 자의 결국은 패망입니다.

여러분, 영적 전쟁에서는 반드시 승리해야 합니다. 전쟁에서 진 자는 이긴 자의 종이 되기 때문에 더욱 그렇습니다.

우리가 영적 전쟁에서 승리하려면 믿음으로 나아가야 합니다. 뒤로 물러가는 것은 의심의 행위로서 그 결국은 패망입니다. 아무쪼록 성도인 우리 모두가 믿음으로 든든한 영적 무장을 하여 영적 전쟁에서 승리하시기를 바랍니다.

함께 나누기

1. 오늘 말씀 중에 가장 마음에 남는 말씀은 무엇입니까?

_____

_____

_____

_____

2. 그 말씀이 마음에 남는 이유가 무엇입니까?

_____

_____

_____

_____

3. 오늘의 말씀을 통하여 실천해야 될 사항은 무엇입니까?

_____

_____

_____

_____

한 주간의 기도 제목

나 _____

가정 _____

교회 _____

제 8 과
이 물이 이르는 곳마다

성경 : 겔 47:8-12절
찬송 : 380장, 383장

"그가 내게 이르시되 이 물이 동쪽으로 향하여 흘러 아라바로 내려가서 바다에 이르리니 이 흘러 내리는 물로 그 바다의 물이 되살아나리라."(8절)

본문 말씀은 에스겔 선지자가 성전에서 흘러 나오는 물을 환상으로 보고 기록한 것입니다. 성전에서 흘러 나오는 물은 사람이 능히 건너지 못할 강이 되어 아라바로 내려가서 바다에 이르렀는데 이 물은 바로 예수 그리스도를 가리킵니다. 이 물의 근원인 성전은 예수 그리스도를 예표합니다.

본문에 의하면 이 물이 이르는 곳마다 놀라운 역사가 일어났습니다. 이것은 예수 그리스도를 믿고 영접하는 자가 누리게 될 은혜를 보여주는 것입니다. 그러면 그 은혜는 어떤 것입니까?

첫째, 생명을 얻습니다.

본문 9절에는 **"이 강물이 이르는 곳마다 번성하는 모든 생물이 살고 또 고기가 심히 많으리니 이 물이 흘러 들어가므로 바닷물이 되살아나겠고 이 강이 이르는 각처에 모든 것이 살 것이며"**라는 말씀이 있습니다. 즉 이 물이 이르는 곳마다 생명이 약동하게 되었습니다.

이 말씀에서 이 물이 흘러 들어가는 바다는 사해를 가리킵니다. 사해는 염분이 일반 바닷물의 5배나 되어 물고기 등의 생물이 살지 못하기 때문에 죽음의 바다라고 불리는 곳입니다.

그런데 성전에서 흘러 내리는 물이 사해에 이르니 이 바다의 물이 물고기가 살 수 있는 생명의 바다로 바뀌었습니다.

이처럼 이 물이 흐르는 곳에는 놀라운 생명의 역사가 일어났습니다. 생명이 살 수 없는 곳이 모든 생명이 살 수 있는 곳으로 바뀌었습니다. 이것은 예수 그리스도를 믿고 영접하는 자가 누리게 될 은혜를 가리키는데 그것은 바로 생명을 얻는 것, 즉 구원을 받는 것입니다.

예수님은 **"나는 부활이요 생명이니 나를 믿는 자는 죽어도 살겠고"**(요11:25)라고 하셨습니다. 예수님을 믿는 사람은 누구든지 영생을 얻을 수 있습니다.

둘째, 좋은 열매를 맺습니다.

본문 12절에는 **"강 좌우 가에는 각종 먹을 과실나무가 자라서 그 잎이 시들지 아니하며 열매가 끊이지 아니하고 달마다 새 열매를 맺으리니...그 열매는 먹을 만하고 그 잎사귀는 약 재료가 되리라."**라는 말씀이 있습니다. 즉 이 물이 이르는 곳마다 사람들에게 유익을 주는 좋은 열매가 풍성하게 맺혀졌습니다.

나무가 좋은 열매를 맺으려면 무엇보다 물이 있어야 합니다. 시편 1편 3절에는 **"시냇가에 심은 나무가 철을 따라 열매를 맺으며 그 잎사귀가 마르지 아니함 같으니"**라는 말씀이 있는데, 시냇가에 심은 나무의 이같은 형통은 시냇물로 말미암은 것입니다.

예수 그리스도를 믿고 영접하고 그 안에 거하는 사람은 이처럼 좋은 열매를 맺을 수 있습니다. 예수님은 **"나는 포도나무요 너희는 가지라 그가 내 안에, 내가 그 안에 거하면 사람이 열매를 많이 맺나니 나를 떠나서는 너희가 아무 것도 할 수 없음이라."**(요 15:5) 라고 하셨습니다.

우리가 좋은 열매를 맺으려면 예수님으로부터 생수를 공급받고 예수님 안에 거해야 합니다. 우리가 좋은 열매를 맺을 때 풍성한 삶을 살 수 있고 세상 사람들 앞에서 하나님의 영광을 드러낼 수 있습니다.

여러분, 예수 그리스도는 성전에서 흘러나오는 물이십니다. 이 물이 이르는 곳마다 생명의 역사가 일어나고 풍성한 열매가 맺혀졌는데 우리가 이러한 은혜를 받으려면 예수님을 믿고 영접해야 합니다.

예수님은 **"누구든지 목마르거든 내게로 와서 마시라. 나를 믿는 자는 성경에 이름과 같이 그 배에서 생수의 강이 흘러나오리라."**(요 7:37-38)고 하셨습니다. 예수님을 믿고 그 앞에 나아가는 것은 이 물을 얻는 방법입니다. 아무쪼록 우리 모든 성도들이 예수님을 온전히 믿고 그 안에 거함으로써 구원과 영생을 얻고 풍성한 열매를 맺는 삶을 살아가시기를 바랍니다.

함께 나누기

1. 오늘 말씀 중에 가장 마음에 남는 말씀은 무엇입니까?

_____

_____

_____

_____

2. 그 말씀이 마음에 남는 이유가 무엇입니까?

_____

_____

_____

_____

3. 오늘의 말씀을 통하여 실천해야 될 사항은 무엇입니까?

_____

_____

_____

_____

한 주간의 기도 제목

나 _____

가정 _____

교회 _____

3월

충성하는 신앙생활

제9과
보배로운 믿음

성경 : 벧후 1: 1–4절
찬송 : 433장, 436장

"이로써 그 보배롭고 지극히 큰 약속을 우리에게 주사 이 약속으로 말미암아 너희가 정욕 때문에 세상에서 썩어질 것을 피하여 신성한 성품에 참여하는 자가 되게 하려 하셨느니라."(4절)

사도 베드로는 본문 1절에서 본서의 수신자를 "보배로운 믿음"을 가진 사람이라고 명시했습니다. 믿음이라고 해서 다 같은 것이 아닙니다. 믿음에도 큰 믿음과 작은 믿음이 있습니다. 예수님도 당신의 제자들에게 여러 번 "믿음이 적은 자들아"(마8:26, 16:8, 눅12:28)하고 책망하셨는데 이 말씀은 믿음도 서로 차이가 있음을 밝히 드러내고 있습니다.

그렇다면 "보배로운 믿음"은 매우 귀하고 큰 믿음이라고 하지 않을 수 없습니다. 그러면 이 보배로운 믿음을 얻으려면 어떻게 해야 하겠습니까?

첫째, 예수 그리스도를 아는 지식이 있어야 합니다.

본문 2절에는 **"하나님과 우리 주 예수를 앎으로 은혜와 평강이 너희에게 더욱 많을지어다"**라는 말씀이 있고, 3절에는 **"그의 신기한 능력으로 생명과 경건에 속한 모든 것을 우리에게 주셨으니 이는 자기의 영광과 덕으로써 우리를 부르신 가를 앎으로 말미암아"**라는 말씀이 있습니다. 여기서 **"은혜와 평강"**, **"생명과 경건에 속한 모든**

것"은 매우 귀하고 값어치가 있는 것인데 이같은 것을 얻으려면 예수 그리스도를 아는 지식이 있어야 합니다.

보배처럼 귀하고 가치 있는 믿음은 예수 그리스도를 아는 데서 형성됩니다. 사도 바울은 예수 그리스도를 알고 난 후에는 모든 것을 배설물로 여긴다고 했는데 그 이유에 대해서는 예수 그리스도를 아는 지식이 가장 고상하기 때문이라고 증거했습니다.(빌 3:8)

우리는 예수 그리스도를 바르게 알 때 구원의 길을 발견할 수 있고 믿음이 자라갈 수 있고 성령 충만과 능력을 입을 수 있습니다. 베드로는 본서의 끝 절에서 **"예수 그리스도의 은혜와 저를 아는 지식에서 자라가라"**(벧후3:18)고 권면했는데 이 말씀도 신앙의 성장은 그리스도를 아는 지식에 있음을 밝히 드러내고 있습니다.

둘째, 신앙의 연단을 거쳐야 합니다.

'보배'란 단어의 뜻은 "아주 귀하고 소중한 물건"인데 "귀하고 소중한 물건" 하면 주로 금이나 은 같은 보석을 많이 떠올립니다. 그래서 '금은보배'라는 말까지 생기게 되었습니다.

성경에서 믿음을 금에 비유하는 것은 믿음이 금처럼 귀한 것이지만 또한 금처럼 연단을 거쳐야 굳건해지기 때문입니다. 불순물이나 다른 금속이 조금도 섞이지 않는 금을 순금 또는 정금이라고 하는데 이 같은 금은 불로 연단해야만 얻을 수 있습니다.

베드로전서 1장 7절에는 **"너희 믿음의 시련이 불로 연단하여도 없어질 금보다 더 귀하여"**라는 말씀이 있습니다. 금보다 더 귀한 믿음이란 금처럼 연단의 과정을 거쳐야 얻을 수 있습니다.

욥도 시험을 받을 때 **"그가 나를 단련하신 후에는 내가 정금같이 나오리라"**(욥 23:10)고 고백했는데, 정금처럼 보배로운 믿음을 얻으려면 연단을 통해서 얻어진다는 말씀입니다. 그러므로 보배로운 믿음을 얻으려면 연단을 두려워해서 안 됩니다. 비록 연단은 고통스러운 것이지만 이 과정을 거친 후에는 믿음의 놀라운 세계와 능력을 체험하게 됩니다.

여러분! 보배로운 믿음 갖기를 원하십니까? 그렇다면 예수 그리스도를 더욱 알아가시기 바랍니다. 예수 그리스도를 알아가려면 주님을 간절한 마음으로 사모하고 성경을 열심히 읽고 공부해야 합니다. 예수 그리스도에 대한 바른 지식이 있을 때 보배로운 믿음을 가질 수 있습니다.

보배로운 믿음은 또한 연단을 통해 형성됩니다. 그러므로 보배로운 믿음을 가지려면 신앙생활에 따르는 여러 가지 역경과 시련을 두려워하지 말고 도리어 연단의 기회로 삼아야 합니다.

아무쪼록 예수 그리스도를 아는 지식과 신앙의 연단을 통해 보배로운 믿음을 얻어서 이 믿음으로 위대한 승리의 삶을 살아가는 성도님들이 되시기를 바랍니다.

함께 나누기

1. 오늘 말씀 중에 가장 마음에 남는 말씀은 무엇입니까?

_____

_____

_____

_____

2. 그 말씀이 마음에 남는 이유가 무엇입니까?

_____

_____

_____

_____

3. 오늘의 말씀을 통하여 실천해야 될 사항은 무엇입니까?

_____

_____

_____

_____

한 주간의 기도 제목

나 _____

가정 _____

교회 _____

제 10 과
손을 잡으시는 하나님

성경 : 사 42: 5-7절
찬송 : 383장, 390장

"나 여호와가 의로 너를 불렀은즉 내가 네 손을 잡아 너를 보호하며 너를 세워 백성의 언약과 이방의 빛이 되게 하리니 네가 눈먼 자들의 눈을 밝히며 갇힌 자를 감옥에서 이끌어 내며 흑암에 앉은 자를 감방에서 나오게 하리라."(6-7절)

우리 인간이 동물과 크게 다른 점의 하나는 손이 있는 것입니다. 동물들 가운데 손이 있는 동물은 영장류밖에 없습니다. 그리고 우리 인간만큼 손을 다양하고 요긴하게 쓰는 존재는 세상에 없습니다.

우리 인간은 손으로 물건을 만들어내기도 하고 글을 쓰기도 하고 여러 가지 작업을 할 수 있습니다. 만일 우리가 손을 다쳐서 쓰지 못하게 되면 그 불편함은 이루 말할 수 없습니다. 우리 인간은 하나님의 형상대로 지음을 받았기 때문에 하나님도 손을 가지고 계시는데 본문 6절에 의하면 하나님은 당신의 손으로 우리의 손을 잡아주십니다.

그러면 하나님이 손을 잡아주시는 것은 어떤 의미가 있는 것인지 말씀을 통해 살펴보겠습니다.

첫째, 보호입니다.

본문 6절에는 **"내가 네 손을 잡아 너를 보호하며"**라는 말씀이 있습니다. 손을 잡는 것은 보호를 뜻합니다. 부모가 아주 어린 아이와 함께 길을 갈 때는 그의 손을 잡고 갑니다.

그렇지 않으면 아이가 넘어지거나 다칠 수 있기 때문입니다. 걸음을 갓 뗀 어린 아이는 약간의 충격만 받아도 넘어지기 마련이지만 장성한 어른의 손을 잡고 있으면 돌부리에 채여도 넘어지지 않습니다. 자동차가 지나다니는 길도 안전하게 건널 수 있습니다.

이처럼 손을 잡아주는 것은 위험으로부터 보호하는 것을 의미합니다. 하나님은 우리를 보호하시려고 우리의 손을 잡아주십니다. 하나님은 이스라엘 백성들을 애굽의 종살이에서 구해주실 때 그들의 손을 잡고 인도하셨다고 하셨습니다.(렘31:32) 베드로의 장모가 열병으로 누워있을 때 예수님은 그의 손을 잡아 일으켜 주셨습니다. 이처럼 주님은 우리를 위험에서 보호하시려고 손을 잡아주십니다.

둘째, 사랑입니다.

손을 잡는다는 것은 애정의 표현입니다. 두 남녀가 서로 사랑하면 자연스럽게 손을 잡게 됩니다. 사람은 아무 사람하고나 손을 잡지는 않습니다. 낯선 사람에게 다가가서 손을 잡는다면 무례하거나 미친 사람이라는 취급을 받게 될 것입니다.

오늘날 사람들 간에 인사의 방식으로 악수를 하는데, 악수는 친애의 뜻을 나타내기 위하여 각자 한 손을 마주 내어 잡는 것입니다. 갈라디아서 2장 9절에는 야고보와 베드로와 요한이 바울과 바나바에게 친교의 악수를 하였다는 말씀이 있습니다.

이처럼 손을 잡는 것은 애정을 표현하는 방법입니다. 사람은 원수처럼 싫어하는 사람의 손을 잡지는 않습니다. 비록 상대방이 먼저 악수를 청해도 선뜻 그 손을 잡으려고 하지 않습니다.

하나님이 우리의 손을 잡아주신다는 것은 우리를 그만큼 사랑하신다는 것입니다. 하나님은 당신께서 사랑하는 자의 손을 놓지 않으십니다. 하나님은 호세아 선지자를 통해 **"에브라임이여, 내가 어찌 너를 놓겠느냐? 이스라엘이여, 내가 어찌 너를 버리겠느냐?... 내 마음이 내 속에서 돌이키어 나의 긍휼이 온전히 불붙듯 하도다"**(호 11:8) 하고 말씀하셨습니다. 하나님은 이처럼 불붙는 사랑으로 우리의 손을 잡아주십니다.

여러분! 하나님은 우리 성도의 손을 잡아주시는 분입니다. 하나님의 손은 보호의 손이요 사랑의 손입니다. 하나님은 우리가 천국에 들어갈 때까지 이 손을 놓지 않고 잡아주십니다. 부모가 어린 아이의 손을 잡고 가는 것 같이, 사랑하는 두 연인이 서로의 손을 잡고 가는 것 같이 하나님은 우리의 손을 잡고 동행하여 주십니다.

아무쪼록 우리 모든 성도들이 이처럼 놀라운 하나님의 은혜를 깨닫고 저 영원한 천국에 이를 때까지 하나님만 믿고 사랑하며 살아가시기를 바랍니다.

함께 나누기

1. 오늘 말씀 중에 가장 마음에 남는 말씀은 무엇입니까?

_____

_____

_____

_____

2. 그 말씀이 마음에 남는 이유가 무엇입니까?

_____

_____

_____

_____

3. 오늘의 말씀을 통하여 실천해야 될 사항은 무엇입니까?

_____

_____

_____

_____

한 주간의 기도 제목

나　_____

가정　_____

교회　_____

제 11 과
믿음의 수고

성경 : 고전 15: 58절
찬송 : 320장, 347장

"그러므로 내 사랑하는 형제들아 견실하며 흔들리지 말고 항상 주의 일에 더욱 힘쓰는 자들이 되라 이는 너희 수고가 주 안에서 헛되지 않은 줄 앎이라."(58절)

전도자 무디는 어렸을 때 '헤네스 발렐'이라고 하는 영국 목사님의 설교를 들을 때에 마음이 열려 감동을 받고 마음이 뜨거워졌습니다. 그 목사님은 **'하나님께서는 지금도 온전히 헌신하는 사람만 있으면 그를 통해 지금까지 나타나지 않았던 더 큰 일을 할 수가 있다'**고 설교하였습니다.

돈이 많든지, 재주가 많든지, 지식이 많은 자가 아닌 온전히 헌신하는 자라야 한다는 이 말씀을 듣고 무디는 바로 그 자리에서 자기의 생애를 하나님께 온전히 바치기로 결심했습니다. 그는 이후에 복음을 전하는 일에 헌신했습니다. 그 결과 그는 미국의 경제 공황기에 100만 명을 주님께 전도하는 엄청난 기적의 일꾼으로 하나님께 쓰임을 받았습니다.

무디의 믿음의 수고는 많은 영혼을 구원하였고 미국을 복음화 시켰습니다. 로마서 14장 8절은 이렇게 말합니다. **"우리가 살아도 주를 위하여 살고 죽어도 주를 위하여 죽나니 그러므로 사나 죽으나 우리가 주의 것이로다"**
믿음의 수고를 아끼지 말아야 합니다. 믿음의 사도였던 사도 바울은 사도행전 21장 13절에서 이런 고백을 합니다.

"바울이 대답하되 여러분이 어찌하여 울어 내 마음을 상하게 하느냐 나는 주 예수의 이름을 위하여 결박 당할 뿐 아니라 예루살렘에서 죽을 것도 각오하였노라." 믿음의 수고를 다하겠다는 말씀입니다.

우리가 예수님을 믿은 이후 정말 우리에게 필요한 것은 믿음의 수고를 다하는 일입니다. 그러면 왜 성경은 우리에게 믿음의 수고를 다하라고 하는 것이겠습니까?

첫째, 믿음의 수고는 헛수고가 없기 때문입니다.

요즘 사업을 하거나 장사를 하는 분들을 보면 그렇게 수고하여 일하였는데도 남는 것이 없고 도리어 손해를 보는 분들이 많습니다. 세상에는 헛수고가 많습니다. 열심히 일했는데도 거둘 것이 없을 때가 많습니다. 그러나 주의 일에는 헛수고가 없습니다. 마태복음 10장 42절은 말씀합니다. **"또 누구든지 제자의 이름으로 이 작은 자 중 하나에게 냉수 한 그릇이라도 주는 자는 내가 진실로 너희에게 이르노니 그 사람이 결단코 상을 잃지 아니하리라 하시니라."**

주님을 위해서 하는 일은 이렇게 헛일이 되는 경우가 없습니다. 주님이 다 아십니다. 그래서 내가 믿음의 수고를 다한 일에 반드시 상으로, 복으로, 면류관으로 갚아주십니다. 우리가 교회 일을 봉사라고 하지만 주님 일에는 사실 봉사가 없습니다. 주님이 기억하셨다가 후에 더 좋고 큰 것으로 다 갚아주십니다.

둘째, 흔들리지 말고 믿음의 수고를 감당해야 합니다.

믿음생활 하다 보면 많은 유혹과 시험을 받습니다. 그 배후에는 마귀가 있습니다. 주의 일 하다 보면 남의 말하기 좋아하는 사람들로부터 비난과 비판의 이야기를 들을 때가 있는데 그렇게 되면 완전히 마음이 닫혀버립니다. 그럴 때 조심해야 합니다.

믿음이 있는가 없는가는 사실 그때 판가름나는 것입니다. 그럴 때일수록 주님 바라보고 의지하며 주님을 향한 수고를 포기하지 말아야 합니다.

그래서 본문에서 흔들리지 말라는 것입니다. 그런 일에 흔들리는 사람들이 많기 때문에 우리 주변의 환경과 조건에 흔들리지 말고 묵묵히 주님 바라보고 믿음의 수고를 다하는 성도가 되시기를 바랍니다.

셋째, 우리는 더 주의 일에 힘쓰는 사람이 되어야 합니다.

신앙생활의 가장 무서운 적은 사실 교만입니다. 이 교만은 **'이 정도면 되었다. 이 정도면 내가 잘했어. 이 정도면 내가 1등이지'** 이런 생각들입니다. 그러나 교만은 나를 넘어지게 만드는 도구입니다. 그래서 잠언 16장 18절은 **"교만은 패망의 선봉이요 거만한 마음은 넘어짐의 앞잡이니라."**고 말합니다.

이만하면 되었다고 생각하지 말고 늘 부족하다고 생각하며 더욱 더 주의 일에 힘쓰는 사람이 되어야 합니다. 그리스도인이라면 믿음의 수고를 다하는 사람이 되어야 합니다. 그것이 우리의 마땅히 해야 할 일입니다. 우리 모두 이 믿음의 수고를 다하는 성도들이 되시기를 바랍니다.

함께 나누기

1. 오늘 말씀 중에 가장 마음에 남는 말씀은 무엇입니까?

_____

_____

_____

_____

2. 그 말씀이 마음에 남는 이유가 무엇입니까?

_____

_____

_____

_____

3. 오늘의 말씀을 통하여 실천해야 될 사항은 무엇입니까?

_____

_____

_____

_____

한 주간의 기도 제목

나 _____

가정 _____

교회 _____

제 12 과
완전한 믿음

성경 : 마 10: 29-31절
찬송 : 400장, 406장

**"참새 두 마리가 한 앗사리온에 팔리지 않느냐 그러나 너희 아버지
께서 허락하지 아니하시면 그 하나도 땅에 떨어지지 아니하리라 너
희에게는 머리털까지 다 세신 바 되었나니 두려워하지 말라 너희는
많은 참새보다 귀하니라"** (마 10:29-31)

"믿음의 주요 또 온전하게 하시는 이인 예수를 바라보자." (히 12:2)

믿음은 완전 믿음입니다. 반쯤 믿는 것은 없습니다. 믿는다면 다
믿는 것이고, 안 믿는다면 다 안 믿는 것입니다.

다섯 살 어린 아들이 아빠가 지붕을 수리하느라고 걸쳐놓은 사다
리를 타고 반 쯤 올라가다 멈추었습니다. 올라가다 보니 무섭습니다.
밑을 내려다보니 내려가기도 무섭고, 올라가려니 올라가는 것은 더
무섭습니다. 어쩔 줄 모르다가 울기 시작합니다. 바로 그 때 아빠가
아들의 울음소리를 듣고는 달려와 두 팔을 벌렸습니다. "얘야! 아빠
가 받아 줄 테니 손을 놔."

이 아이가 손을 놓으면 아빠를 믿는 것이고, 손을 놓지 않으면 아
빠를 믿지 못하는 것입니다. 믿음은 완전 믿음입니다. 반쯤 믿는 것
은 없습니다. 믿는다면 다 믿는 것이고, 믿지 않는다면 다 안 믿는 것
입니다. 이 어린 아들이 "아빠, 나는 아빠를 믿는데 손을 놓지는 못
하겠어"하고 운다면, 믿는다는 말은 가짜입니다. 믿으면 아무 염려

없이 손을 놓을 수 있습니다.

우리도 인생을 살다보면 이럴 때가 있습니다. 올라가야 할 목표가 있어 시작을 했습니다. 거뜬히 아무 문제가 없이 목표지까지 갈 수 있을 것이라 생각했는데, 가다보니 나를 둘러싼 사건과 환경들 때문에 변수가 생기고, 자신감은 떨어지고, 이럴 수도 저럴 수도 없는 처지에 놓일 때가 있습니다.

계속 올라갈 수도, 뒤로 내려갈 수도 없는 상황에서 우리가 의지할 분은 하나님 한 분밖에 없습니다. 그래서 웁니다. 기도합니다. 그럴 때, 하나님은 반드시 우리의 기도를 들으십니다. 책임지실 모든 방도를 가지고 내게로 오십니다. 그렇다면 이제 내가 믿음을 보여드릴 순간입니다. 손을 놓아야 합니다.

하나님이 나를 보호하신다고 믿는다면, 전적으로 맡겨야 합니다. 어떤 것은 맡기고 어떤 것은 못 맡기는 것은 가짜 믿음입니다.

오늘 주시는 이 말씀에서 예수님은 하나님의 전권을 말씀하고 계십니다. 하나님께서 우주와 이 하늘 아래의 모든 것에 대해 모든 권한을 가지고 계십니다. 하찮은 것 같은 참새 한 마리까지도 하나님께서 전권을 가지고 계십니다.

이것을 인정해야 합니다. 어느 때 입니까? 일이 잘 풀리고, 만사가 형통할 때 입니까? 아니요. 두려움이 나를 둘러싸고 그 두려움 때문에 정신 차리기 힘든 그럴 때 입니다. 그럴 때, 두려워하지 말고 하나님의 전권을 의지해야 합니다.

참새 한 마리에도 전권을 가진 하나님께서 당신을 붙들고 계십니다. 그래서 '두려워하지 말라 너희는 많은 참새 보다 귀하다'(마 10:31)고 말씀하십니다.

성도 여러분! 힘들고 어려울 때, 요즘 사람들은 원망하고 불평하지만, 우리는 그 어려움을 하나님의 전권을 인정하는 믿음의 재료로 사용해야 합니다. 하나님이 네 머리털 숫자까지 다 헤아리고 계신데, 너의 걱정과 어려움을 모르겠느냐고 주님께서 일러주십니다. 나를 완벽하게 아시는 하나님의 세심하신 전권을 말씀하고 있습니다.

성도 여러분, 어려울 때, 우리의 눈을 들어 하나님의 세계를 바라보며 하나님의 전권이 나를 붙들고 있음을 인정해야 합니다. 그리고 기도해야 합니다. 기도했으면 하나님께 맡겨야 합니다. 아이가 아빠를 믿고 손을 놓듯이 말입니다.

반쯤 믿는 믿음은 없습니다. 완전 믿음입니다. 우리가 하나님을 믿고 손을 놓을 때, 그 분이 나를 책임져 주십니다. 이런 믿음으로 어려움을 이기고 승리하여 하나님께 영광을 돌리는 성도들이 되시기를 바랍니다.

함께 나누기

1. 오늘 말씀 중에 가장 마음에 남는 말씀은 무엇입니까?

_____

_____

_____

_____

2. 그 말씀이 마음에 남는 이유가 무엇입니까?

_____

_____

_____

_____

3. 오늘의 말씀을 통하여 실천해야 될 사항은 무엇입니까?

_____

_____

_____

_____

한 주간의 기도 제목

나 _____

가정 _____

교회 _____

제 13 과
최고의 믿음

성경 : 눅 7: 1-10절
찬송 : 212장, 546장

"예수께서 들으시고 그를 놀랍게 여겨 돌이키사 따르는 무리에게 이르시되 내가 너희에게 이르노니 이스라엘 중에서도 이만한 믿음은 만나보지 못하였노라 하시니라."(9절)

그리스도인이 갖추어야 할 중요한 덕목은 '믿음'이라고 할 수 있습니다. 사도 바울이 항상 있어야 할 세 가지 가운데 첫 번째로 언급한 것도 믿음이었습니다.(고전 13:13) 그런데 믿음이라고 해서 다 같은 것이 아니며 믿음에 있어서도 큰 믿음이 있고 작은 믿음이 있습니다.

본문에는 믿음으로 예수님께 큰 칭찬을 들은 사람이 나오는데 그는 로마의 백부장입니다. 예수님은 이 백부장에 대해 **"이스라엘 중에서도 이만한 믿음은 만나보지 못하였노라."**(9절) 하고 말씀하셨는데 이는 이 백부장의 믿음이 사람들 가운데 최고의 믿음임을 드러내고 있습니다.

그러면 예수님께 칭찬을 들은 백부장의 믿음은 어떤 것입니까?

첫째, 겸손한 믿음입니다.

본문 말씀에 나오는 이 백부장은 자신을 낮추는 매우 겸손한 사람이었습니다. 백부장은 자신의 종이 병들어 죽게 되자 예수님을 청하였는데 당시 사회에서 종은 소나 양처럼 주인의 소유물로 취급을 당했던 비천한 신분이었습니다. 그럼에도 백부장은 종을 살리려고 장로들을 예수님께 보냈습니다.

이같은 행위는 교만한 사람이라면 절대 할 수 없는 것입니다. 심지어 백부장은 예수님께 벗들을 보내어 **"주여, 수고하시지 마옵소서. 내 집에 들어오심을 나는 감당하지 못하겠나이다."**(6절) 하고 말했습니다. 이것은 백부장이 자신을 예수님 앞에서 얼마나 낮추었는지 잘 드러내고 있습니다.

믿음이 크다고 자부하는 그리스도인들 가운데는 자신의 믿음을 자랑하고 과시하는 이들이 있습니다. 자신의 믿음을 자랑하고 과시하는 행위는 자만이지 참되고 올바른 믿음이 아닙니다.

성경은 믿음 그 자체도 하나님의 선물임을 증거하고 있습니다. 예수님은 백부장의 겸손한 믿음을 칭찬하셨는데 우리가 최고의 믿음을 가지려면 백부장의 이같은 겸손을 본받아야 합니다.

둘째, 말씀의 권능을 확신하는 믿음입니다.

백부장은 자신이 예수님께 나아가는 것을 감당하지 못하겠다고 하면서 **"말씀만 하사 내 하인을 낫게 하소서"**(7절) 하고 말합니다. 즉 예수님이 자신의 종에게 직접 오셔서 안수나 진찰을 하시지 않고 다만 말씀만 하셔도 종이 고침을 받을 수 있다고 확신합니다.

이것은 그 당시에는 전례가 없는 일이었습니다. 당시 예수님께 병 고침을 받은 사람들은 거의 모두 예수님을 직접 만났습니다. 간혹 병자가 예수님을 직접 만나지 못한 경우라도 의뢰인은 예수님을 만났습니다. 따라서 예수님이 자신과 자신의 종을 보지 않고 말씀만

하셔도 종이 낫게 될 것이라고 한 백부장의 믿음은 실로 대단하다고 할 수 있습니다.

백부장의 이같은 믿음은 예수님의 말씀의 권능을 전적으로 확신하는 믿음이었습니다. 말씀은 하나님이 역사하시는 능력입니다. 하나님은 말씀으로 천지를 창조하셨고 말씀으로 여러 가지 이적과 기사를 행하셨습니다. 예수님은 말씀이 육신이 되어 우리 가운데 오신 분입니다. 말씀의 권능을 확신하는 믿음은 보지 않고도 믿는 믿음이며 능치 못함이 없는 믿음입니다. 예수님은 백부장에게서 이같은 믿음을 보시고 칭찬하셨습니다. 우리가 최고의 믿음을 가지려면 백부장처럼 말씀의 권능을 확신해야 합니다.

성도 여러분! 우리가 이왕 예수님을 믿기로 했다면 강하고 큰 믿음을 가져야 합니다. 큰 믿음을 가진 사람일수록 능력 있는 그리스도인이 될 수 있습니다. 믿음의 경지가 차원 높은 사람일수록 하나님의 놀라운 역사를 더 많이 경험할 것입니다.

예수님의 칭찬을 들었던 백부장의 믿음은 겸손하고 말씀의 권능을 확신하는 믿음이었습니다. 아무쪼록 우리 모든 성도들도 백부장의 믿음을 본받아 최고의 믿음을 소유하시기를 바랍니다.

함께 나누기

1. 오늘 말씀 중에 가장 마음에 남는 말씀은 무엇입니까?

_____

_____

_____

_____

2. 그 말씀이 마음에 남는 이유가 무엇입니까?

_____

_____

_____

_____

3. 오늘의 말씀을 통하여 실천해야 될 사항은 무엇입니까?

_____

_____

_____

_____

한 주간의 기도 제목

나 _____
가정 _____
교회 _____

4월

성령과 함께 하는 신앙생활

제 14 과
성도의 삶은 성령에 의한 삶

성경 : 수 1:6-8, 신 34:9절
찬송 : 191장, 190장

"모세가 눈의 아들 여호수아에게 안수하였으므로 그에게 지혜의 영이 충만하니 이스라엘 자손이 여호와께서 모세에게 명령하신 대로 여호수아의 말을 순종하였더라"(신 34:9)

성도의 삶은 처음부터 끝까지 성령에 의한 삶입니다.

이제 하나하나 살펴보겠지만, 우리가 구원을 받는 것을 위해서도, 거룩하게 변화되는 것을 위해서도, 예배를 위해서도, 하나님의 사역을 감당하기 위해서도 성령님이 없이는 아무 것도 이루어지지 않습니다.

성도의 삶이 처음부터 끝까지 성령에 의한 삶이라는 것을 아는 것은 우리의 삶이 성령의 인도하심을 따라 하나님이 기뻐하시는 삶이 되는 것에 있어서 핵심입니다. 여호수아의 부르심을 통해 성도의 삶을 살펴보겠습니다.

첫째, 하나님께서는 여호수아를 부르실 때, 철저하게 하나님의 말씀을 따라 살라고 말씀하셨습니다.

성령에 의한 삶을 살펴보기에 앞서 먼저 성도는 철저하게 하나님의 말씀에 기초해서 신앙 생활해야 하는 것을 우리가 기억해야 합니다.

여호수아는 모세의 부하였습니다. 그는 하나님께서 모세와 함께 하시고, 모세에게 말씀하시며, 모세를 통하여 역사하시는 것을 가장 가까이에서 보았습니다.

그런 그가 모세의 뒤를 이어 이스라엘의 지도자가 되었습니다. 그는 누구보다 이스라엘 백성들을 잘 이끌어 갈 수 있는 준비가 되어 있었습니다.

하지만 그럼에도 불구하고 여호수아가 모세의 뒤를 이어 이스라엘의 지도자가 되었을 때 하나님께서는 여호수아에게 반복적으로 철저하게 하나님의 말씀을 따라 행할 것을 명령하셨습니다.

"강하고 담대하라 … 오직 강하고 담대하여 나의 종 모세가 네게 명령한 그 율법을 다 지켜 행하고 우로나 좌로나 치우치지 말라 … 이 율법책을 네 입에서 떠나지 말게 하며 주야로 그것을 묵상하여 그 안에 기록된 대로 다 지켜 행하라. 그리하면 네 길이 평탄하게 될 것이며 네가 형통하리라 …"(수 1:6-8)

하나님의 말씀에 따라 사는 것은 아무리 강조해도 지나치지 않습니다. 더구나 오늘날처럼 하나님의 말씀에 '관한 자료들'은 넘쳐나고, '하나님의 말씀(설교)'을 들을 수 있는 통로가 넘쳐나지만 이상하리만치 성도들의 삶에서는 하나님의 말씀이 소홀이 여겨지는 시대에는 더욱 그렇습니다.

여호수아에게 말씀하신 것처럼, 좌로나 우로나 치우치지 않고 말씀을 따라 살기 위해서는 '담대함'이 필요한 시대입니다. 담대하게 하나님의 말씀을 따라 사셔서 어디로 가든지 하나님께서 함께 하셔서 평탄하며 형통한 삶이 되시기를 바랍니다.

둘째, 그럼에도 불구하고 성령에 의한 삶을 살아야 합니다.

하나님의 말씀에 기초해서 사는 것이 성도에게 핵심적으로 중요하지만 동시에 성령에 의한 삶을 사는 것 또한 중요합니다.

여호수아가 철저하게 하나님의 말씀을 따라 이스라엘 백성들을 이끌어 가나안 정복을 이루어갔지만, 모세오경 어디에도 강물이 가득 차서 흘러 넘치는 요단강을 어떻게 건너가야 하는지, 견고해 보이기만 하는 여리고성을 어떻게 정복할 수 있는지가 기록되어 있지 않았습니다. 여호수아는 철저하게 성령으로 충만하여 성령의 인도하심을 따라 행했습니다.

"모세가 눈의 아들 여호수아에게 안수하였으므로 그에게 지혜의 영이 충만하니..."(신 34:9)

예수님께서도 승천하시면서 제자들에게 단순히 책 한 권을 남겨두시면서, 그 책의 내용대로 잘 살라고 당부하지 않으셨습니다. 예수님은 이 세상을 떠나실 때가 가까이 왔을 때 제자들에게 집중적으로 성령에 대해서 가르치셨습니다. 그리고 그분이 가시면 다른 보혜사이신 성령을 그들에게 보내실 것을 반복적으로 약속하셨습니다.(요 14:16-17, 26, 15:26, 16:7-8, 13-14) 그리고 성령이 오시면, 그분이 그들을 가르치시고, 그들의 죄를 깨닫게 하시고, 그들을 인도하실 것이라고 말씀하셨습니다.

이제 몇 주간 성령에 의한 삶에 대해서 살펴볼 것입니다. 성령님께서 우리 모두에게 은혜를 주셔서 성령에 의한 삶을 통해 우리를 통해 맺으실 놀라운 열매가 가득한 성도가 되시기를 바랍니다.

함께 나누기

1. 오늘 말씀 중에 가장 마음에 남는 말씀은 무엇입니까?

_____

_____

_____

_____

2. 그 말씀이 마음에 남는 이유가 무엇입니까?

_____

_____

_____

_____

3. 오늘의 말씀을 통하여 실천해야 될 사항은 무엇입니까?

_____

_____

_____

_____

한 주간의 기도 제목

나 _____

가정 _____

교회 _____

제 15 과
성령에 의한 삶의 두 가지 측면

성경 : 갈 5:16, 눅 24:49절
찬송 : 171장, 197장

"내가 이르노니 너희는 성령을 따라 행하라 그리하면 육체의 욕심을 이루지 아니하리라"(갈 5:16)

"볼지어다 내가 내 아버지께서 약속하신 것을 너희에게 보내리니 너희는 위로부터 능력으로 입혀질 때까지 이 성에 머물라 하시니라"(눅 24:49)

성도의 삶은 처음부터 끝까지 성령에 의한 삶입니다. 그런데 성령에 의한 삶에는 두 가지 측면이 있습니다. 우리가 이 부분을 잘 이해해야 실제적으로 성령에 의한 삶을 살아갈 수 있습니다. 그 두 가지 측면은 다음과 같습니다.

첫째, 성령에 의한 삶의 한 측면은 성령님과의 교제 가운데 사는 것입니다.

빈칸을 채워 보세요.

**"내가 이르노니 너희는 (   )
그리하면 육체의 욕심을 이루지 아니하리라."**(갈 5:16)

"만일 우리가 성령으로 살면 또한 (   )"(갈 5:25)

이런 구절들은 우리가 성령님과의 친밀한 교제 가운데 거하면서, 그분의 인도하심에 순종하는 삶을 살아야 할 것을 말씀하고 있습니다. 예수님께서 태어나신 후 정결 예식을 행하기 위해 성전에 올라가셨을 때 예수님을 안고 기도했던 시므온이라는 사람은 성령의 인도하심을 따라 성전에 올라갔습니다.

"예루살렘에 시므온이라 하는 사람이 있으니…성령이 그 위에 계시더라…성령의 지시를 받았더니 성령의 감동으로 성전에 들어가매…"(눅 2:25-27)

사도 바울은 성령의 인도를 따라 모든 사역을 감당했습니다. 심지어 가면 붙잡히게 될 것을 알고도 예루살렘으로 올라갔던 것도 성령의 인도하심을 따라 간 것이었습니다.

"보라 이제 나는 성령에 매여 예루살렘으로 가는데 … 오직 성령이 각 성에서 내게 증언하여 결박과 환난이 나를 기다린다 하시나 내가 달려갈 길과 주 예수께 받은 사명 곧 하나님의 은혜의 복음을 증언하는 일을 마치려 함에는 나의 생명조차 조금도 귀한 것으로 여기지 아니하노라."(행 20:22-24)

오늘날 많은 성도들은 자신의 삶이나 사역을 자신의 계획을 따라 행하곤 합니다. 그리고 그 결과에 대해서도 결과가 좋으면 자신의 영광으로, 결과가 나쁘면 실망하고 좌절하곤 합니다. 성경은 우리의 삶이나 사역이 성령님과의 교제 안에 거하면서 성령님의 인도하심에 순종하는 것임을 가르치고 있습니다. 성령님과의 교제 가운데, 성령님의 인도하심을 따라 살아가셔서, 내 뜻이 아니라 하나님의 놀라운 뜻과 계획이 이루어지는 것을 경험하는 복된 성도들 되시기를 바랍니다.

둘째, 성령에 의한 삶의 또 다른 한 측면은 성령님의 능력으로 사는 것입니다.

"하나님이 나사렛 예수에게 성령과 능력을 기름 붓듯 하셨으매 그가 두루 다니시며 선한 일을 행하시고 마귀에게 눌린 모든 사람을 고치셨으니 이는 하나님이 함께 하셨음이라"(행 10:38)

예수님께서 어떻게 사역을 감당하셨는지를 말씀하고 있는 구절입니다. 예수님께서 이 땅에 계시는 동안 두루 다니시며 하나님 나라를 선포하시고 모든 마귀의 일을 멸하시며 모든 선한 일을 행하신 것은 하나님께서 예수님에게 성령과 능력을 부어주심을 통해 이루어졌습니다. 예수님께서 제자들을 보내시면서도 동일하게 성령의 능력을 통해 사역을 감당할 것을 말씀하십니다.

"볼지어다 내가 내 아버지께서 약속하신 것을 너희에게 보내리니 너희는 위로부터 능력으로 입혀질 때까지 이 성에 머물라 하시니라"(눅 24:49)

우리는 우리의 힘으로 하나님을 위해 무언가를 해드릴 것처럼 생각하곤 합니다. 그러나 우리는 성령의 능력을 덧입지 않고는 하나님이 기뻐하시는 것을 아무것도 할 수 없습니다. 성령에 의한 삶을 사는 한 측면은 성령의 능력으로 사는 것입니다. 하나님께서 더욱 은혜를 주셔서 성령의 능력으로 충만하시기를 바랍니다.

함께 나누기

1. 오늘 말씀 중에 가장 마음에 남는 말씀은 무엇입니까?

_____

_____

_____

_____

2. 그 말씀이 마음에 남는 이유가 무엇입니까?

_____

_____

_____

_____

3. 오늘의 말씀을 통하여 실천해야 될 사항은 무엇입니까?

_____

_____

_____

_____

한 주간의 기도 제목

나 _____

가정 _____

교회 _____

성령의 필수성(1) : 구원과 성화를 위해

성경 : 요 3:5, 고후 3:18절
찬송 : 254장, 288장

"예수께서 대답하시되 진실로 진실로 네게 이르노니 사람이 물과 성령으로 나지 아니하면 하나님의 나라에 들어갈 수 없느니라."(요 3:5)

"우리가 다 수건을 벗은 얼굴로 거울을 보는 것 같이 주의 영광을 보매 그와 같은 형상으로 변화하여 영광에서 영광에 이르니 곧 주의 영으로 말미암음이니라."(고후 3:18)

성도의 삶은 처음부터 끝까지 성령에 의한 삶입니다.
이 말은 성령님의 도우심과 역사하심 없이는 아무 일도 일어날 수 없다는 뜻입니다. 가장 대표적인 부분이 우리의 구원과 성화입니다.

첫째, 우리의 구원은 성령님의 역사를 통해 가능합니다.

예수님께서 강조하시면서(... 진실로 진실로 ...) 말씀하셨습니다.

"... 진실로 진실로 네게 이르노니 사람이 물과 성령으로 나지 아니하면 하나님 나라에 들어갈 수 없느니라."(요 3:5)

바울도 고린도교회 성도들에게 말합니다.

"그러므로 내가 너희에게 알리노니 ... 성령으로 아니하고는 누구든지 예수를 주시라 할 수 없느니라."(고전 12:3)

어떤 사람들은 마치 온전히 자신의 선택을 따라 예수님을 믿고 구원을 받은 것처럼 말하기도 합니다. 하나님은 우리를 사랑하셔서 자유 의지를 주셨고 하나님의 놀라운 섭리와 능력을 통해 우리의 선택은 완전한 가치를 갖습니다. 하지만, 동시에 우리가 예수님을 믿고 구원을 얻은 배후에는 놀라운 성령님의 역사가 있습니다. 그래서 우리는 '내가 구원을 받은 것은 전적인 하나님의 은혜입니다'라고 고백합니다.

우리 자신의 구원뿐만 아니라 다른 사람의 구원을 위해 기도하거나 복음을 전할 때도 이 사실을 기억하는 것은 중요합니다. 어떤 사람의 구원을 위해 힘써 기도하거나 복음을 전할 때 속히 열매가 보이면 감사하겠지만 그렇지 못한 경우에 많은 성도들이 실망하고 포기하기도 합니다. 어떤 사람은 절대로 예수님을 믿지 않을 것처럼 보이는 경우도 있습니다. 그러나 누군가가 구원을 얻는 것은 말의 지혜와 인간적인 노력이 아니라 성령님의 역사하심을 통해 이루어지는 것입니다. 그 사람이 어떤 사람이든 성령님께서 역사하시면 구원을 얻을 수 있습니다.

구원을 주시는 하나님의 은혜에 감사하고, 포기하지 않고 다른 사람의 구원을 위해 기도하는 성도님이 되시기를 바랍니다.

둘째, 성화, 곧 우리가 주님의 형상으로 변화하는 것도 성령님의 역사를 통해 가능합니다.

"우리가 다 … 그와 같은 형상으로 변화하여 영광에서 영광에 이르니 곧 주의 영으로 말미암음이니라"(고후 3:18)

성도의 거룩한 변화, 성화에 대한 가장 대표적인 구절입니다. 그런데 이 말씀에서 보면, 우리의 변화가 '주의 영(성령)으로 말미암음이니라'고 말씀합니다.

적지 않은 사람들이 구원은 하나님의 은혜로 받지만 성화는 자신의 노력으로 이루어 가야 하는 것처럼 생각하고 있지만 그렇지 않습니다. 우리의 노력은 중요합니다. 우리의 노력과 하나님의 은혜가 상충되지 않습니다. 우리의 노력, 특별히 주님의 형상을 닮아서 우리의 성품과 삶이 변화되기 위한 노력은 너무나 중요합니다. 그러한 노력이 없음으로 인해 실패한 성도의 삶은 모든 영역에서 해롭습니다. 그러나 우리의 노력만으로 주님을 닮은 형상으로 변화하겠다는 시도는 반드시 실패하게 되어 있습니다. 우리 안에는 선을 행하거나 하나님의 뜻을 행할 수 있는 자원이 없기 때문입니다.

예수님께서 자신과 제자된 우리와의 관계를 포도나무와 가지에 대해 비유로 말씀하셨습니다.

"내 안에 거하라 나도 너희 안에 거하리라 가지가 포도나무에 붙어 있지 아니하면 스스로 열매를 맺을 수 없음 같이 너희도 내 안에 있지 아니하면 그러하리라 나는 포도나무요 너희는 가지라 그가 내 안에, 내가 그 안에 거하면 사람이 열매를 많이 맺나니 나를 떠나서는 너희가 아무것도 할 수 없음이라"(요 15:4-5)

"너희가 나를 떠나서는 아무것도 할 수 없다"고 하셨습니다. 여기 '아무것'에는 당연히 우리 성품의 변화, 우리 삶의 변화도 포함됩니다.

모든 성도는 '변화된 삶'을 소망합니다. 성령님의 역사하심을 통해 놀랍게 변화되는 성도님들 되시기를 바랍니다.

함께 나누기

1. 오늘 말씀 중에 가장 마음에 남는 말씀은 무엇입니까?

_____

_____

_____

_____

2. 그 말씀이 마음에 남는 이유가 무엇입니까?

_____

_____

_____

_____

3. 오늘의 말씀을 통하여 실천해야 될 사항은 무엇입니까?

_____

_____

_____

_____

한 주간의 기도 제목

나 _____
가정 _____
교회 _____

제 17 과
성령의 필수성(2) : 하나님을 알기 위해

성경 : 엡 1:17, 고전 2:9-11절
찬송 : 80장, 85장

"우리 주 예수 그리스도의 하나님, 영광의 아버지께서 지혜와 계시의 영을 너희에게 주사 하나님을 알게 하시고"(엡 1:17)

"기록된 바 하나님이 자기를 사랑하는 자들을 위하여 예비하신 모든 것은 눈으로 보지 못하고 귀로 듣지 못하고 사람의 마음으로 생각하지도 못하였다 함과 같으니라. 오직 하나님이 성령으로 이것을 우리에게 보이셨으니 성령은 모든 것 곧 하나님의 깊은 것까지도 통달하시느니라. 사람의 일을 사람의 속에 있는 영 외에 누가 알리요 이와 같이 하나님의 일도 하나님의 영 외에는 아무도 알지 못하느니라."(고전 2:9-11)

성도의 삶은 처음부터 끝까지 성령에 의한 삶입니다.
특별히 오늘은 '하나님을 아는 것'에 대해 살펴보겠습니다.

첫째, '하나님을 아는 것'은 우리 신앙의 본질입니다.

"영생은 곧 유일하신 참 하나님과 그가 보내신 자 예수 그리스도를 아는 것이니이다."(요 17:3)

요한복음은 '유일하신 참 하나님과 예수 그리스도를 아는 것'이 곧 '영생'이라고 말씀합니다.

여기에서 '아는 것'이라는 단어는 '기노스코'라는 헬라어로, 체험적인 지식(앎)을 의미합니다. 이 말을 바르게 이해하려면, 하나님에 '관해서' 아는 것과 '하나님을' 아는 것의 차이를 이해해야 합니다.

'관해서' 아는 것은 정보를 통한 지식, 그러니까 '이순신 전기'를 읽고 이순신에 대해서 아는 것과 같은 것을 말하고, '아는 것'(기노스코)은 만남과 교제를 통해 인격적으로 아는 것, 곧 가족이나 친구 사이에서 서로에 대해 체험적으로 아는 것을 의미합니다.

하나님에 '관해서' 아는 것도 중요합니다. 이론적으로 지식적으로 알지 못하면 실제로 나아가기가 어렵기 때문입니다. 그러나 이론적인 지식만으로는 우리의 삶에 아무런 능력을 나타내지 못합니다. 세상의 유혹을 이길 능력도, 죄를 이길 능력도, 하나님의 뜻에 온전히 순종할 수 있는 능력도 가져다 주지 못합니다.

그래서 바울은 우상과 죄악으로 가득했던 에베소 지역에서 살아가고 있는 성도들을 위해 기도하면서 저들이 '하나님을 알게' 해달라고 기도하고 있습니다. 우리가 진정으로 하나님을 '알게' 될 때 모든 유혹도 죄악도 이길 수 있게 되기 때문입니다.

오늘날 많은 성도들이 '하나님에 관해서 아는 것'과 '하나님을 아는 것'을 잘 구별하지 못합니다. 즉 하나님에 관해서 아는 것을 하나님을 아는 것으로 생각하곤 합니다. 이러한 신앙에서는 아무런 능력이 나타나지 않습니다.

하나님을 아는 성도로서 놀라운 하나님의 능력을 경험하며 살아가시기를 바랍니다.

둘째, 이렇게 '하나님을 아는 것'은 성령을 통해 가능합니다.

"우리 주 예수 그리스도의 하나님, 영광의 아버지께서 지혜와 계시의 영을 너희에게 주사 하나님을 알게 하시고"(엡 1:17)

바울은 에베소 교회의 성도들이 하나님을 알게 해달라고 기도하면서, **"아버지께서 지혜와 계시의 영을 너희에게 주사"**라고 기도하고 있습니다. 곧 하나님을 아는 것이 '지혜와 계시의 영'을 통해 주어진다는 말씀입니다. 여기에서 '지혜와 계시의 영'은 성령님을 의미합니다. 이렇듯 우리가 하나님을 알기 위해서는 성령님의 역사가 필수적입니다.

참고로 바울이 하나님을 알게 해달라고 기도했던 사람들은 불신자들이 아니었습니다. 그들은 에베소 교회 성도들이었습니다. 어떤 성도들은 '하나님을 더욱 알기를 힘써야 한다고, 성령님의 도우심을 구해야 한다'고 말하면 그런 것은 초신자들에게나 해당되는 것처럼 생각합니다. 그러나 그렇지 않습니다. 다시 말씀 드리지만, 지금 바울이 기도하는 사람들은 에베소 교회 성도들이었습니다. 그리고 현재우리 중 누구도 하나님을 더욱 알기 위해 성령님의 역사가 필요하지 않은 사람은 아무도 없습니다.

매일매일의 삶이 성령의 역사하심을 통해 더욱 하나님을 알아가는 능력의 성도들이 되시기를 바랍니다.

함께 나누기

1. 오늘 말씀 중에 가장 마음에 남는 말씀은 무엇입니까?

_____

_____

_____

_____

2. 그 말씀이 마음에 남는 이유가 무엇입니까?

_____

_____

_____

_____

3. 오늘의 말씀을 통하여 실천해야 될 사항은 무엇입니까?

_____

_____

_____

_____

한 주간의 기도 제목

나 _____

가정 _____

교회 _____

제 18 과
성령의 필수성(3) : 사역을 위해

성경 : 요 5:17, 19-20절
찬송 : 208장, 211장

"예수께서 그들에게 이르시되 내 아버지께서 이제까지 일하시니 나도 일한다 하시매 ... 그러므로 예수께서 그들에게 이르시되 내가 진실로 진실로 너희에게 이르노니 아들이 아버지께서 하시는 일을 보지 않고는 아무것도 스스로 할 수 없나니 아버지께서 행하시는 그것을 아들도 그와 같이 행하느니라. 아버지께서 아들을 사랑하사 자기가 행하시는 것을 다 아들에게 보이시고 또 그보다 더 큰 일을 보이사 너희로 놀랍게 여기게 하시리라."(요 5:17,19-20)

성도의 삶은 처음부터 끝까지 성령에 의한 삶입니다. 우리의 사역에 있어서도 마찬가지입니다. 많은 성도들은 사역에 대해 '하나님께서 나를 구원해 주셨으니 이제 내가 열심히 하나님을 위해서 일하는 것'으로 이해합니다. 그러나 우리의 모든 사역은 성령의 인도하심과 성령의 능력으로 감당합니다. 예수님도 그렇게 하셨습니다.

오늘 본문은 예수님이 어떻게 사역을 감당하셨는지를 잘 보여주고 있습니다. 본문을 다음의 다섯 가지로 요약할 수 있습니다.

1. 아버지께서 오늘까지 일하신다.
2. 나도 일한다.
3. 나는 스스로 아무것도 할 수 없다.
4. 나는 아버지가 행하시는 것을 보고, 그것을 행한다.
5. 아버지가 아들을 사랑하셔서 아들에게 아버지의 행하시는 것

을 보이신다.

이 가운데 두 가지만 간략하게 살펴보겠습니다.

첫째, '나는 스스로 아무것도 할 수 없다'

하나님의 아들이신 예수님께서 아무것도 스스로 '하지 않는다'고 말씀하신 게 아니라, 아무것도 스스로 '할 수 없다'고 말씀하셨습니다. 이 말씀은 예수님께서 적어도 이 땅에 육신을 입고 계시는 동안은 '성령님의 능력'을 통해 일하셨다는 뜻입니다.

"하나님이 나사렛 예수에게 성령과 능력을 기름 붓듯 하셨으매 그가 두루 다니시며 선한 일을 행하시고 마귀에게 눌린 모든 사람을 고치셨으니"(행 10:38)

예수님께서 '아무것도 스스로 할 수 없다'고 말씀하신 배경을 이해하면 더욱 분명합니다. 요한복음 5장은 예수님께서 안식일에 베데스다 연못가에 있던 38년된 환자를 고치신 사건입니다. 안식일에 환자를 고치신 것과 그 사람에게 '자리를 들고 걸어가라'고 말씀하신 것 때문에 유대인들이 예수님께 왜 그렇게 하셨는지를 물을 때 예수님께서 대답하셨습니다.

"내가 진실로 진실로 너희에게 이르노니 아들이 아버지께서 하시는 일을 보지 않고는 아무것도 스스로 할 수 없다. 나는 아버지께서 행하신 것을 보고 이와 같이 행한 것이다."

하나님의 사역을 하고자 하는 모든 성도들도 이와 같이 말해야 합니다. '나는 스스로 아무것도 할 수 없다', 성도의 사역은 '스스로 하나님을 위해 하는 무언가'가 아닙니다. 사도들을 포함한 모든 믿음의 선배들도, 심지어 예수님조차도 사역을 그렇게 하지 않으셨습니다.

둘째, '나는 아버지의 행하심을 보고, 그것을 행한다.'

성도는 스스로는 '아무것도' 할 수 없는 사람이지만, 하나님의 행하심을 보고는 '무엇이든' 할 수 있는 사람입니다. 사도행전 9장에는 바울이 회심하는 장면이 나옵니다. 기독교 역사에 있어서 가장 중요한 장면 중 하나일 것입니다. 이 사건을 통해 회심한 바울이 후에 신약성경의 13권을 쓰고 여러 차례에 걸쳐 당시 전 세계에 복음을 전하고 교회를 세운 사도 중의 사도가 되었기 때문입니다.

그런데 바울의 회심 사건에는 다메섹의 한 성도가 등장합니다. 바로 아나니아라는 사람입니다. 하나님은 이 아나니아라는 성도에게 바울이 직가라는 거리에 있는 유다의 집에서 기도하고 있으니 그에게 가서 안수하라고 말씀합니다. 아나니아는 바울에 대한 소문을 익히 들어 알고 있었기 때문에 하나님께 되묻습니다. '바울은 예루살렘에서 성도들에게 많은 해를 가하고' '살기가 등등하여' 다메섹에 있는 성도들도 잡으러 온 사람입니다.

하나님은 아나니아에게 말씀하십니다.

"가라. 이 사람은 내 이름을 이방인과 임금들과 이스라엘 자손들에게 전하기 위하여 택한 나의 그릇이라."

아시는 것처럼, 아나니아는 순종했고 그의 순종을 통해 우리가 아는 바울이 되었습니다.

하나님의 역사는 하나님의 능력으로 이루십니다. 그리고 그 일을 성도들에게 보이시고 순종하는 성도들을 통해 이루어 가십니다. 성령을 통해 보이실 때 순종함으로 하나님의 역사, 곧 하나님의 사역에 동참하는 성도가 되시기를 바랍니다.

함께 나누기

1. 오늘 말씀 중에 가장 마음에 남는 말씀은 무엇입니까?

_____

_____

_____

_____

2. 그 말씀이 마음에 남는 이유가 무엇입니까?

_____

_____

_____

_____

3. 오늘의 말씀을 통하여 실천해야 될 사항은 무엇입니까?

_____

_____

_____

_____

한 주간의 기도 제목

나 _____

가정 _____

교회 _____

5월

성령이 인도하는 신앙생활

제 19 과
성령의 필수성(4) : 예배와 기도를 위해

성경 : 빌 3:3, 롬 8:26, 엡 6:18절
찬송 : 9장, 364장

"하나님의 성령으로 봉사하며 그리스도 예수로 자랑하고 육체를 신뢰하지 아니하는 우리가 곧 할례파라."(빌 3:3)

"이와 같이 성령도 우리의 연약함을 도우시나니 우리는 마땅히 기도할 바를 알지 못하나 오직 성령이 말할 수 없는 탄식으로 우리를 위하여 친히 간구하시느니라."(롬 8:26)

"모든 기도와 간구를 하되 항상 성령 안에서 기도하고 이를 위하여 깨어 구하기를 항상 힘쓰며 여러 성도를 위하여 구하라."(엡 6:18)

성도의 삶은 처음부터 끝까지 성령에 의한 삶입니다.

특별히 우리는 우리 신앙생활의 핵심적인 부분인 예배와 기도에 있어서 성령에 의한 예배와 기도가 이루어져야 합니다. 그래야 예배와 기도를 통해 하나님과의 만남이 이루어질 수 있고, 그 시간들을 통해 우리의 신앙이 성숙해 갈 수 있습니다.

첫째, 우리는 예배를 성령님의 인도하심을 따라 드려야 합니다.

빌립보서에서 바울은 거짓 복음을 전하는 자들에 대해 말하고 있습니다. 그들은 예수님을 믿는 믿음만 가지고는 부족하고, 거기에다 할례 등 유대인의 전통을 지켜야 진정한 구원을 얻을 수 있다고 가르쳤습니다. 그러면서 그들은 그런 사람들이 진정한 하나님의 백성이라고 주장하면서 그러한 자신들을 '할례파'라고 불렀습니다.

그러나 바울은 예수님을 믿는다고 하면서 동시에 할례 등과 같은 육신을 의지하면 그것은 실제로는 육신을 의지하는 것이기 때문에, 바울을 그들을 '개들', '행악하는 자들'(빌 3:2)이라고 강력하게 말합니다. 그러면서 바울은 오히려 우리가 진정한 '할례파', 곧 참다운 성도라고 말하면서 세 가지 특징을 들고 있습니다.

바울이 말한 참다운 성도의 세 가지 특징은(빌 3:3),
성령으로 예배하는 것,
그리스도 예수로 자랑하는 것,
육체를 신뢰하지 않는 것입니다.

참다운 세 가지 특징은 가장 먼저 언급된 특징이 '성령으로 예배하는 것'입니다. 한글 성경에 '성령으로 봉사하며'로 되어 있는 단어는 '라트류온테스'라는 헬라어인데, 이 단어는 유대인들이 공식적인 예배를 지칭할 때 사용하는 단어입니다. 그래서 대부분의 영어성경은 '예배하며(Worship)'로 번역하고 있습니다.

참다운 성도의 핵심적인 특징 중 하나는 '성령으로 예배하는 것'입니다. 그리고 성령으로 예배하는 것의 구체적인 3가지 내용은 다음과 같습니다.

1. 성령님의 인도하심을 따라 드리는 예배 ; 말씀, 찬송, 기도 등
2. 성령님께서 가르치시고 깨닫게 하시는 예배
3. 성령님의 역사하심을 기대하고 경험하는 예배

토저(A.W Tozer) 목사님은, "성령이 함께 하시지 않으면 참 예배가 불가능하다. 우리가 하나님이신 예수 그리스도를 통하여 하나님께 참 예배를 드리려면 우리 안에는 반드시 하나님의 영이 활동하셔야 한다. 그러므로 예배는 하나님으로부터 시작하여 우리에게 찾아와 마치 거울이 반사되듯이 다시 그분에게 돌아간다. 하나님은 이런 예배가 아닌 다른 예배를 받지 않으신다."고 강력하게 말합니다.

우리의 모든 예배가 성령님의 인도하심을 따라 드려져서 하나님께는 온전한 영광이 드려지고 우리에게는 놀라운 은혜가 가득하게 되기를 바랍니다.

둘째, 우리는 성령님의 인도하심을 따라 기도해야 합니다.

성도에게 기도생활이 얼마나 중요한지는 더 말할 것도 없습니다. 그런데 그렇게 중요한 기도를 많은 성도들이 '제대로' 하지 않아서 기도의 능력을 경험하지 못하는 것이 현실입니다. 기도는 우리가 배워야 할 중요한 제자도 중 하나입니다.

기도생활과 관련해서 우리가 배워야 할 한 가지는, 우리가 기도할 때 성령님의 인도하심을 따라 기도해야 한다는 것입니다.

"이와 같이 성령도 우리의 연약함을 도우시나니 우리는 마땅히 기도할 바를 알지 못하나 오직 성령이 말할 수 없는 탄식으로 우리를 위하여 친히 간구하시느니라."(롬 8:26)
모든 기도와 간구를 하되 항상 성령 안에서 기도하고 이를 위하여 깨어 구하기를 항상 힘쓰며 여러 성도를 위하여 구하라.(엡 6:18)

무엇을 위해 기도해야 할 것인지 또는 어떻게 기도할 것인지를 성령님의 인도하심을 따라 기도할 수 있어야 합니다. 기도를 통해 승리의 삶을 살았던 믿음의 선배들처럼 하나님을 신뢰함으로 기도의 자리로 나아가 진정한 기도의 능력을 매일의 삶에 경험하는 놀라운 하루하루가 되시기를 바랍니다.

함께 나누기

1. 오늘 말씀 중에 가장 마음에 남는 말씀은 무엇입니까?

_____

_____

_____

_____

2. 그 말씀이 마음에 남는 이유가 무엇입니까?

_____

_____

_____

_____

3. 오늘의 말씀을 통하여 실천해야 될 사항은 무엇입니까?

_____

_____

_____

_____

한 주간의 기도 제목

나 _____

가정 _____

교회 _____

제 20 과
성령의 필수성(5) : 영적 전쟁의 승리를 위해

성경 : 엡 6:17, 마 4:1, 7, 10절
찬송 : 359장, 360장

"구원의 투구와 성령의 검 곧 하나님의 말씀을 가지라."(엡 6:17)
**"그 때에 예수께서 성령에게 이끌리어 마귀에게 시험을 받으러 광야
로 가사 … 예수께서 이르시되 또 기록되었으되 주 너의 하나님을 시
험하지 말라 하였느니라 하시니 … 이에 예수께서 말씀하시되 사탄아
물러가라 기록되었으되 주 너의 하나님께 경배하고 다만 그를 섬기라
하였느니라."(마 4:1, 7, 10)**

성도의 삶은 처음부터 끝까지 성령에 의한 삶입니다.
특별히 성도는 하나님의 은혜 가운데 하나님의 백성이 되는 순간
부터 다양하고 지속적인 영적 전쟁이 있습니다. 또한 이 영적 전쟁에
서의 승리를 위해 성령님을 의지하는 것이 필수적입니다.

첫째, 성도에게 영적 전쟁이 있습니다.

마귀의 다른 이름은 '거짓의 아비'입니다.

**"너희는 너희 아비 마귀에게서 났으니 너희 아비의 욕심대로 너희
도 행하고자 하느니라 그는 처음부터 살인한 자요 진리가 그 속에
없으므로 진리에 서지 못하고 거짓을 말할 때마다 제 것으로 말하나
니 이는 그가 거짓말쟁이요 거짓의 아비가 되었음이라."(요 8:44)**

마귀는 할 수만 있으면 성도를 속이고 넘어뜨리려고 합니다. 우

리는 마귀가 심지어 예수님까지 속이려고 한 것을 잘 알고 있습니다. 우리들은 말할 것도 없습니다. 사도들은 성도들에게 마귀의 이러한 활동에 대해 경고하고 깨어있을 것에 대해서 강력하게 말씀하고 있습니다.

"마귀의 간계를 능히 대적하기 위하여 하나님의 전신 갑주를 입으라."(엡 6:11)

"그런즉 너희는 하나님께 복종할지어다 마귀를 대적하라 그리하면 너희를 피하리라."(약 4:7)

"근신하라 깨어라 너희 대적 마귀가 우는 사자 같이 두루 다니며 삼킬 자를 찾나니 너희는 믿음을 굳건하게 하여 그를 대적하라."(벧전 5:8-9)

성도에게는 다양하고 지속적인 영적 전쟁이 있습니다. 이것, 곧 '영적 전쟁이 있다'는 것을 아는 것이 영적 전쟁에서 승리하는 가장 핵심적인 기초입니다.

오늘날 많은 성도들은 싸워야 한다는 생각조차 못한 채 삶과 사역 속에서, 가정과 직장 내의 관계 속에서 무방비로 속고 넘어지고 상처를 입거나 주면서 실패에 실패를 거듭하고 있습니다.

다시 말씀드리지만 성도에게는 영적 전쟁이 있다는 사실 자체를 기억하는 것이 중요합니다. 그래야 깨어서 반응할 수 있습니다. '그러면 어떻게 이 싸움에서 이길 수 있는가?'를 찾아갈 수 있습니다. 삶과 사역의 모든 현장에서의 모든 영적 전쟁에서 승리하는 복된 성도들이 되시기를 바랍니다.

둘째, 성도에게 있는 영적 전쟁의 승리를 위해서는 성령님을 의지해야 합니다.

'영적 전쟁'이 있다는 것을 아는 것이 중요하지만, 그 사실을 알 기는 하는데, 그 싸움을 자기의 힘으로 싸우려고 하면 절대로 이길 수 없습니다.

에베소서 6장 10절 이하에 보면, 성도들이 입어야 할 '전신 갑주'에 대해 말씀하고 있습니다. 그런데 성도들이 마귀의 공격을 대적하기 위해 갖추어야 할 전신 갑주 중에 유일한 공격 무기가 '성령의 검'입니다.

"그러므로 하나님의 전신 갑주를 취하라 이는 악한 날에 너희가 능히 대적하고 모든 일을 행한 후에 서기 위함이라 그런즉 서서 진리로 너희 허리 띠를 띠고 의의 호심경을 붙이고 평안의 복음이 준비한 것으로 신을 신고 모든 것 위에 믿음의 방패를 가지고 이로써 능히 악한 자의 모든 불화살을 소멸하고 구원의 투구와 성령의 검 곧 하나님의 말씀을 가지라."(엡 6:13-17)

성도의 삶에 존재하는 다양한 형태의 영적 전쟁에서 승리하려면 '성령의 검'으로 무장해야 합니다. 성령의 검을 갖추어서 영적 전쟁에서 승리한다는 것은 두 가지 측면에서 이해해야 합니다.

1) 영적 전쟁에서 승리하기 위해 성령님의 인도를 따른다.
2) 성령님의 능력으로 영적 전쟁에서 승리한다.

두 가지 측면 모두, 구체적인 적용을 위해서는 성경의 토대 위에 바르게 세워지는 것이 필요합니다. 오늘도 계속되는 마귀의 대적에 성령님을 의지하여 승리하는 성도가 되시기를 바랍니다.

함께 나누기

1. 오늘 말씀 중에 가장 마음에 남는 말씀은 무엇입니까?

_____

_____

_____

_____

2. 그 말씀이 마음에 남는 이유가 무엇입니까?

_____

_____

_____

_____

3. 오늘의 말씀을 통하여 실천해야 될 사항은 무엇입니까?

_____

_____

_____

_____

한 주간의 기도 제목

나 _____

가정 _____

교회 _____

제 21 과

성령에 의한 삶을 위한 중요한 요소(1)
지속적으로 성령을 따르는 삶을 사는 것

성경 : 롬 6:4,11-13, 롬 8:5-9절
찬송 : 338장, 88장

"그러므로 우리가 그의 죽으심과 합하여 세례를 받음으로 그와 함께 장사되었나니 이는 아버지의 영광으로 말미암아 그리스도를 죽은 자 가운데서 살리심과 같이 우리로 또한 새 생명 가운데서 행하게 하려 함이라"(롬 6:4)

우리는 앞에서 몇 주간 우리 신앙생활에서 성령에 의한 삶을 사는 것이 왜 필요한가에 대해서 살펴보았습니다. 이제는 우리가 성령에 의한 삶을 사는 데 중요한 몇 가지 요소들 살펴보려고 합니다. 하나님께서 우리 모두에게 은혜를 주셔서 우리의 신앙생활이 실제적인 성령에 의한 삶이 될 수 있기를 간절히 기도합니다.

우리가 성령에 의한 삶을 살기 위해서는 몇 가지 중요한 요소들이 있습니다.

첫째, 지속적으로 성령님을 따르는 삶을 살아야 합니다.
둘째, 하나님의 말씀으로 충만해야 합니다.
셋째, 성령님을 근심케 하지 말아야 합니다.
넷째, 성령님을 소멸하지 말아야 합니다.

오늘은 첫 번째 말씀을 살펴보겠습니다.

첫째, 지속적으로 성령님을 따르는 삶을 살아야 합니다.

1) 우리가 구원 받은 목적은 '새 생명 가운데 행하기 위함'입니다.

오늘 본문 로마서 6:4에 의하면, 하나님께서 우리를 예수 그리스도의 십자가를 통해서 구원하신 목적이 "새생명 가운데서 행하게 하려 함"이라고 말씀하고 있습니다.

우리의 구원은 마치 보험을 드는 것과 같이 단지 죽은 이후에 천국에 가기 위한 것이 아닙니다. 물론 이 땅의 인생을 마친 후에 영원한 천국에 가는 것은 너무나 중요하고 가치 있는 일이지만, 우리의 구원은 이 땅에서의 삶에도 중요한 의미를 갖습니다.

우리가 구원 받은 것, 곧 예수님께서 십자가에서 죽으신 것과 연합하여 우리의 옛 사람이 죽고 또한 예수님의 부활하심과 연합하여 예수 안에서 새로운 피조물이 된 것의 목적은 '새생명 가운데서 행하기 위함'입니다. 다시 말해 '살기' 위함입니다. 새로운 목적을 위해, 새로운 방법과 새로운 능력으로 '살아가기' 위함입니다.

예상하셨겠지만 이러한 삶은 철저하게 '성령님을 따르는' 삶입니다. '새생명 가운데 살아가는' 하루하루의 삶이 되시기를 바랍니다.

2) 적극적으로 그리고 지속적으로 성령을 따라 행하려고 해야 합니다.

어떤 성도들은 예수님을 믿으면(영접하면) 저절로 성령님을 따라 살게 되는 것처럼 생각하지만 그렇지 않습니다.

본문 로마서 6:11-13에 보면, '죄에 대하여는 죽은 자요 하나님께 대하여는 살아 있는 자'로 '여기라'고 말씀하고 있습니다. 또한 '너희 몸을 죄에게 내주지 말고 하나님께 드리라'고도 하고 있습니다. 로마서 8:5-9에서는 '육신을 따르는 자'와 '영(성령)을 따르는 자'에 대해 말하면서 성령을 따르는 자가 될 것에 대해 말씀하고 있습니다.

신약성경의 서신서들은 '성도'에게 쓰여진 편지입니다. 물론 로마서도 로마에 있는 성도들에게 쓰여진 편지입니다. 성도들에게 편지를 쓰면서, 하나님께 대하여 살아있는 자처럼 살라고, 몸을 죄에게 내주지 말고 하나님께 드리라고, 육신을 따라 살지 말고 성령을 따라 살라고 말씀하고 있습니다. 예수님을 믿는 성도는 저절로 하나님께 드려진 삶을 살 수 있을 것처럼, 저절로 성령님을 따라 사는 삶이 되는 것처럼 생각하는 것은 성경적인 생각이 아닙니다.

성령에 의한 삶을 살려면, 적극적으로 그리고 지속적으로 성령님을 따라 행하려고 해야 합니다. 하루하루의 삶 속에서 성령님을 따라 행하므로 우리를 구원하신 하나님의 목적을 이루어 드리는 복된 삶이 되시기를 바랍니다.

함께 나누기

1. 오늘 말씀 중에 가장 마음에 남는 말씀은 무엇입니까?

_____

_____

_____

_____

2. 그 말씀이 마음에 남는 이유가 무엇입니까?

_____

_____

_____

_____

3. 오늘의 말씀을 통하여 실천해야 될 사항은 무엇입니까?

_____

_____

_____

_____

한 주간의 기도 제목

나 _____

가정 _____

교회 _____

제 22 과
성령에 의한 삶을 위한 중요한 요소(2)
"하나님의 말씀으로 충만한 삶"

성경 : 엡 5:18-21, 골 3:16-18절
찬송 : 199장, 200장

"술 취하지 말라 이는 방탕한 것이니 오직 성령으로 충만함을 받으라 "(엡 5:18)

우리가 성령에 의한 삶을 살기 위해서는 몇 가지 중요한 요소들이 있습니다.

첫째, 지속적으로 성령님을 따르는 삶을 살아야 합니다.
둘째, 하나님의 말씀으로 충만해야 합니다.
셋째, 성령님을 근심케 하지 말아야 합니다.
넷째, 성령님을 소멸하지 말아야 합니다.

우리는 지난 주에 우리가 성령에 의한 삶을 살기 위해서는 '지속적으로 그리고 적극적으로' 성령님을 따라 살아야 함을 살펴보았습니다. 한 주간 성령님을 따라 사셨나요?
오늘은 그 두 번째로, 하나님의 말씀으로 충만해야 하는 것에 대해서 살펴보겠습니다. 우리가 성령에 의한 삶을 살기 위해서는,

둘째, 하나님의 말씀으로 충만해야 합니다.

오늘 본문 중 하나인 에베소서 5장 말씀은 '성령 충만함의 열매'이고, 또 다른 본문인 골로새서 3장 말씀은 '말씀 충만의 열매'입니다.

그런데 이 두 본문을 비교해서 보면 그 열매의 종류가 같다는 것을 발견할 수 있습니다.

'시, 찬송, 신령한 노래들, 범사에 감사함, 피차 복종함'

성령으로 충만할 때 맺히는 열매와 하나님의 말씀으로 충만할 때 맺히는 열매가 정확하게 일치합니다. 이것을 통해 우리는 성령 충만함과 말씀 충만함이 서로 밀접하게 연관되어 있는 진리를 발견할 수 있습니다.

우리는 간혹 '성령 충만'을 강조하면서 '말씀'에 대해 소홀이 여기는 사람들과 반대로 '말씀'의 중요성에 대해 강조하면서 상대적으로 '성령'에 대해서는 비판적인 사람들도 있습니다. 이 두 경우 모두 성경적이지 않습니다. 왜냐하면 성경에 의하면 '성령 충만함'과 '말씀 충만'은 서로 밀접하게 연결되어 있기 때문입니다.

다시 말해서, 성령으로 충만해야 진정한 의미에서 '말씀 충만'할 수 있고, 하나님의 말씀이 충만해야 '성령으로 충만'할 수 있습니다.

그래서 성령으로 충만하다고 하면서 하나님의 말씀을 소홀히 여기는 사람이 있다면 그 사람이 말하는 '성령'에 대해서 분별해 봐야 합니다. 또한 말씀에 대해 강조하지만 성령에 대해 비판적이라면 이론적인 지식은 될지 모르지만 그 말씀이 그 사람의 삶에 변화를 일으키는 능력 있는 말씀이 되기는 어렵습니다.

우리는 지금 성령에 의한 삶에 대해 살펴보고 있습니다. 우리의 신앙은 처음부터 끝까지 성령에 의한 삶입니다. 그런데 우리가 성령에 의한 삶을 사는 데 가장 중요한 한 부분이 '말씀으로 충만케 되는 것'입니다.

우리는 현재 그 어느 시대보다 '쉽게' 하나님의 말씀을 읽고 들을 수 있는 시대를 살고 있습니다.

성경을 올바르게 그리고 쉽게 읽을 수 있도록 그 어느 때보다 다양한 번역의 성경들이 출판되었습니다. 뿐만 아니라, 미디어의 빠른 발전과 함께 다양한 미디어 플랫폼을 통한 성경에 '관한' 공부와 설교 영상을 쉽게 접할 수 있게 되었습니다.

그러나 이러한 시대적 상황을 고려해 볼 때 이상하다 싶을 만큼 오늘날 교회와 성도들이 '말씀'으로 충만하지 못합니다. 이전의 성도들만큼 성경을 읽지 않으며, 말씀 묵상(QT)이 이루어지지 않고 있으며, 설교를 통한 변화가 일어나지 않고 있습니다.

여러 가지 이유가 있겠지만 분명한 한 가지 이유는 하나님의 말씀을 대하는 태도가 바르지 않기 때문일 것입니다. 경외함도 없고 진지하지 못하고 배우고자 하는 자세도 없습니다. 그러한 상태에서는 하나님의 말씀이 깨달아질 리가 없습니다. 피상적인 파편이나 정보들은 많을지 몰라도 진정한 의미의 '말씀 충만함'은 이루어질 수 없습니다.

하나님의 말씀에 대한 바른 태도를 가지고 '말씀 충만'하셔서 성령에 의한 삶을 살아가실 수 있기를 바랍니다.

함께 나누기

1. 오늘 말씀 중에 가장 마음에 남는 말씀은 무엇입니까?

_____

_____

_____

_____

2. 그 말씀이 마음에 남는 이유가 무엇입니까?

_____

_____

_____

_____

3. 오늘의 말씀을 통하여 실천해야 될 사항은 무엇입니까?

_____

_____

_____

_____

한 주간의 기도 제목

나 _____

가정 _____

교회 _____

6월

열매 맺는 신앙생활

제 23 과
성령에 의한 삶을 위한 중요한 요소(3)
"성령님을 근심케 하지 않는 것"

성경 : 엡 4:30, 6:18, 요 14:16절
찬송 : 264장, 274장

**"하나님의 성령을 근심하게 하지 말라 그 안에서 너희가 구원의 날
까지 인치심을 받았느니라."(엡 4:30)**

우리가 성령에 의한 삶을 살기 위해서는 몇 가지 중요한 요소들
이 있습니다.

첫째, 지속적으로 성령님을 따르는 삶을 살아야 합니다.
둘째, 하나님의 말씀으로 충만해야 합니다.
셋째, 성령님을 근심케 하지 말아야 합니다.
넷째, 성령님을 소멸하지 말아야 합니다.

우리는 앞서, 우리가 성령에 의한 삶을 살기 위해서는 '지속적으
로 그리고 적극적으로' 성령님을 따라 살아야 함을 살펴보았습니다.
그리고 지난주에는 성령에 의한 삶을 위해서는 '하나님의 말씀으로
충만해야 함'을 살펴보았습니다. 하나님의 말씀에 있어서 흡사 '풍
요 속의 빈곤'과도 같은 오늘날에 '하나님의 말씀'으로 충만하시기를
바랍니다. 그래서 성령에 의한 삶을 살아가시는 한분 한분 되시기를
간절히 소망합니다.

오늘은 그 세 번째 시간입니다. 우리가 성령에 의한 삶을 살기 위
해서 중요한 한 가지 요소는, 성령님을 근심케 하지 않는 것입니다.

성령님을 근심케 하지 않기 위해서는 성도들이 성령님을 근심하게 하는 것에는 어떤 것이 있는가 함께 살펴보고, 성령님을 근심케 하지 않는 성도들이 되어서 우리 모두 성령에 의한 삶을 살아가게 되기를 소망합니다.

성령님을 근심케 하는 것들은 다음과 같습니다.

1) 성령님을 의식하지 않는 것
2) 성령님을 단순한 능력이나 감화 정도로 취급하는 것
3) 육체의 일들
4) 다양한 죄들 : 윤리적인 죄, 관계의 죄, 불순종의 죄

오늘날 의외로 많은 성도들이 삶 속에서 성령님을 의식하지 않고 살아가곤 합니다. 우리의 신앙이 처음부터 끝까지 성령에 의한 삶임을 기억할 때, 이러한 현상은 심각한 일이 아닐 수 없습니다.

또한 어떤 성도들은 성령님에 대해서 이야기하고 생각하기는 하지만 성령님을 마치 '도깨비 방망이' 정도로 생각하는 경우도 있습니다. 이 또한 성령님에 대해 심각하게 잘못된 생각입니다.

성령님은 인격적인 분, 곧 하나님이십니다. 성령님은 '그것'이 아니라 '그분'입니다. 주권적으로 역사하시는 하나님입니다. 성령님을 '내 마음대로' 또는 '내가 원하는 시간에' 사용할 수 있을 것처럼 말하고 생각하는 것은 성령님에 대한 심각한 왜곡입니다.

성령님에 대해서 이렇게 잘못 생각하는 것은 성령님을 근심케 합니다. 성령님은 우리 안에 계셔서 우리의 삶을 바른 길로 인도하시고 하나님을 알게 하시며, 때를 따라 도우시고 보호하시는 분이십니다. 성령님에 대한 바른 이해를 가지고 살아가시기를 바랍니다.

성령님을 근심케 하는 실제적인 부분들을 좀 더 살펴보면, 한 부분은 '육체의 일들'이고 또 다른 부분은 '다양한 죄들'입니다.

여기서 말하는 '육체의 일들'은 운동, 여행, 음식, TV, 일, 쇼핑 등과 같은 것들입니다. 이런 일들은 표면적으로 죄도 아니고 우리의 삶에 꼭 필요한 것들이지만 자칫하면 하나님보다 더 중요한 것이 되어 우리로 하여금 하나님과의 관계에서 멀어지게 만들 수 있습니다.

실제로 신실하다고 말하는 성도들조차도 하나님과의 관계 안에서 이러한 일들(쉼, 일, 운동 등)을 바르게 정립하지 못해서 하나님을 떠나 있으며, 결국 우리 안에 계신 성령님을 근심케 하여 성령에 의한 삶을 실제적으로 살지 못하고 있는 것이 현실입니다.

성령님을 근심케 하는 다른 한 부분은 '다양한 죄들'입니다. 하나님께서 기뻐하시지 않는 많은 죄들은 당연하게 성령님을 근심케 하는 중요한 요소입니다. 오늘날 교회 안에는 죄에 대한 경각심이 많이 없어졌습니다. 그러나 하나님은 변함없이 죄를 미워하십니다. 우리가 하나님을 믿는다 하더라도 우리의 삶 가운데 구체적인 죄들로부터 떠나지 않으면 하나님의 은혜를 누리며 사는 풍성한 삶은 기대할 수 없습니다.

'죄들'은 다양합니다. 하나님께서 기뻐하시지 않는 일을 행하는 것뿐만 아니라, 하나님께서 기뻐하시는 일을 행하지 않는 것 또한 죄입니다. 특별히 언급하고 싶은 것은 '관계의 죄들'입니다. 오늘날 성도들은 거짓말, 사기, 살인, 폭행 같은 것들은 죄인줄 알고 경계하면서도, 다른 사람들과의 관계 속에서 일어나는 시기, 질투, 미움, 서운해 하는 것 등은 죄라고 생각하지 않는 것 같습니다. 그러나 이러한 것들도 성령님을 근심케 하는 똑같은 죄들입니다.

오늘은 성령님을 근심케 하는 것들에 대해 간단하게 살펴보았습니다. 성령님을 기쁘시게 하는 성도들 되시기를 바랍니다.

함께 나누기

1. 오늘 말씀 중에 가장 마음에 남는 말씀은 무엇입니까?

_____

_____

_____

_____

2. 그 말씀이 마음에 남는 이유가 무엇입니까?

_____

_____

_____

_____

3. 오늘의 말씀을 통하여 실천해야 될 사항은 무엇입니까?

_____

_____

_____

_____

한 주간의 기도 제목

나 _____

가정 _____

교회 _____

제 24 과
성령에 의한 삶을 위한 중요한 요소(4)
"성령님을 소멸하지 않는 것"

성경 : 살전 5:19-22절
찬송 : 342장, 347장

"성령을 소멸하지 말며 예언을 멸시하지 말고 범사에 헤아려 좋은 것을 취하고 악은 어떤 모양이라도 버리라."(살전 5:19-22)

우리가 성령에 의한 삶을 살기 위해서는 몇 가지 중요한 요소들이 있습니다.
첫째, 지속적으로 성령님을 따르는 삶을 살아야 합니다.
둘째, 하나님의 말씀으로 충만해야 합니다.
셋째, 성령님을 근심케 하지 말아야 합니다.
넷째, 성령님을 소멸하지 말아야 합니다.

모두가 원하지만 모든 성도들이 성령에 의한 삶을 살지는 못합니다. '원함'과 '누림'의 사이에 필요한 부분들을 간과하거나 깊이 생각하지 않기 때문입니다.

우리가 성령에 의한 삶을 통해 놀라운 하나님의 은혜와 능력을 경험하는 삶을 살고 주님께서 이루시고자 하시는 일들을 감당하기 위해서는 중요한 몇 가지 요소가 있습니다. 매순간 성령님께 깨어있어야 하며, 하나님의 말씀으로 충만해야 합니다. 또한 성령님을 근심케 하지 않아야 합니다. 마지막으로 살펴볼 한 부분은 성령님을 소멸하지 않는 것입니다.

성령님을 근심케 하지 않는 것이 '내적인 열매'와 관련이 있다면, 성령님을 소멸하지 않는 것은 '외적인 사역'과 관련있습니다.

성령님을 소멸하는 것에 대해 두 가지로 생각해 보겠습니다.

첫째, 성령님께서 역사하실 것을 생각하지 않는 것입니다.

성령을 소멸하는 것은 우선 '성령님께서 역사하실 것을 생각하지 않는 것', 곧 성령님께 기회를 드리지 않는 것입니다. 우리는 모든 예배와 사역을 통해 성령님께서 역사하시기를 기도해야 하고, 또 기대할 수 있어야 합니다. 그런데 많은 성도들이 예배를 드리고 기도를 하면서도, 사역을 하면서도 성령님께서 역사하실 것에 대한 생각을 하지 않습니다. 이것이 성령님을 소멸하는 것입니다.

마틴 로이드 존스 목사님은 "부흥"이라는 책에서 다음과 같이 말합니다. "오늘날 우리는 교회 생활에서 성령을 소멸하는 위험에 처해 있습니다. 어느 시점에 시작하여 어느 시점에 마쳐야 하는 것이 정해져 있습니다. 복음적인 교회에서마저 강사로 오는 목사에게 순서가 적힌 종이를 준다는 것을 저는 반복적으로 듣습니다. 그리고 그 문자 그대로 그 앞에서 그 순서지를 놓고 그대로 행할 것을 종용합니다. 11시에 시작합니다. 성경을 봉독하고 또 거기 순서지에 적힌 모든 것을 다 진행하여 12시가 됩니다. 그런 다음에 축도가 이어집니다. 제가 볼 때 이건 아주 심각합니다. 그처럼 길지 않은 설교가 덕이 될 것이 없다는 것을 저는 압니다. 설교의 길이를 위해서 설교를 길게 늘어뜨리는 것은 아무런 의미가 없습니다. 그러나 그것이 문제가 아닙니다. 문제는 우리가 성령님께 기회를 드리고 있느냐 하는 것입니다. 우리가 프로그램에 너무 매여 있어서 성령님께서 역사하실 틈이 없지 않습니까? 어째서 이처럼 형식적으로 되었습니까?"(103쪽)

1950년대 영국 목사님의 말입니다. '아주 심각하다'고 한 것들이 오늘날 우리에게는 너무 일반적인 것이 되지 않았습니까?

둘째, 주신 은사들을 무시해 버리는 것입니다.

성령님을 소멸하는 또 다른 한 부분은 하나님께서 주시는 은사들을 사모하지 않거나 또는 주신 은사들을 소홀히 여기는 것입니다.

"온갖 좋은 은사와 온전한 선물이 다 위로부터 빛들의 아버지께로부터 내려오나니 그는 변함도 없으시고 회전하는 그림자도 없으시니라."(약 1:17)

하나님께서 성도들에게 주시는 은사를 '좋은 은사'와 '온전한 선물'이라고 표현하고 있습니다. 그리고 이 은사들은 빛들의 아버지 되신 하나님께로부터 온 것입니다. 성령의 은사들을 잘못 사용하는 사람들 때문에 은사에 대해 부정적인 사람들이 있습니다. 그러나 그것은 잘못된 자세입니다. 하나님께서 주신 은사들을 잘못 사용하는 사람들이 문제이지 은사 자체는 하나님께로부터 온 좋고 온전한 것이기 때문입니다. 그리고 하나님께서 성도들에게 주시는 은사들은 자신과 다른 사람들의 신앙을 위해 주신 좋은 것들입니다.

일전에 크고 무거운 물건들을 옮길 일이 있었습니다. 네 명의 목사님들이 오전 내내 땀을 뻘뻘 흘리며 수고했지만 일은 더디기만 했습니다. 그런데 오후에 크레인이 와서 채 1시간도 지나지 않아 오전에 한 일보다 더 많은 일들을 마쳤습니다. 은사는 하나님의 일(역사)를 위한 '도구'와 같은 것입니다. 도구가 있는 것과 없는 것은 하늘과 땅 차이라는 것을 일을 해본 사람이면 누구나 알 것입니다.

성령에 의한 삶을 사는 중요한 한 가지 요소는 성령님을 소멸하지 않는 것입니다. 성령님의 놀라운 역사를 경험하는 삶과 사역이 되시기를 바랍니다.

함께 나누기

1. 오늘 말씀 중에 가장 마음에 남는 말씀은 무엇입니까?

_____

_____

_____

_____

2. 그 말씀이 마음에 남는 이유가 무엇입니까?

_____

_____

_____

_____

3. 오늘의 말씀을 통하여 실천해야 될 사항은 무엇입니까?

_____

_____

_____

_____

한 주간의 기도 제목

나 _____

가정 _____

교회 _____

제 25 과
성령에 의한 삶의 열매

성경 : 갈 5:16-23절
찬송 : 289장, 288장

"오직 성령의 열매는 사랑과 희락과 화평과 오래 참음과 자비와 양선과 충성과 온유와 절제니 이같은 것을 금지할 법이 없느니라."(갈 5:22-23)

드디어 '성령에 의한 삶'의 마지막 시간이 되었습니다. 하나님께서 우리에게 은혜를 주셔서, 지금까지 공부한 모든 부분들이 실제가 되어서 '성령에 의한 삶'이 실제로 이루어지는 우리 모든 성도님들 되시기를 간절히 기도합니다.

갈라디아서 5:16의 '성령을 따라 행하라'는 말씀은, '성령님과 발을 맞춰 걸으라'는 의미입니다. 마치 팔짱을 끼고 함께 걸어가는 두 여학생이 걸음을 맞춰 걷는, 옆에서 보면 한 사람이 걷는 것처럼 보이는 것을 말합니다. 이 땅에서 사는 우리의 삶이 성령님의 인도하심을 따라, 성령님과 함께 걸어가는 삶이 될 때 '육체의 열매'가 아니라 '성령의 열매'를 맺게 될 것입니다. '성령에 의한 삶'을 통해 풍성한 열매가 가득한 성도들 되시기를 바랍니다.

첫째, 성령을 따라 행할 때, '육체의 일'을 피할 수 있습니다.

"내가 이르노니 너희는 성령을 따라 행하라 그리하면 육체의 욕심을 이루지 아니하리라."(갈 5:16)

"육체의 일은 분명하니 곧 음행과 더러운 것과 호색과 우상 숭배와 주술과 원수 맺는 것과 분쟁과 시기와 분냄과 당 짓는 것과 분열함과 이단과 투기와 술 취함과 방탕함과 또 그와 같은 것들이라 전에 너희에게 경계한 것 같이 경계하노니 이런 일을 행하는 자들은 하나님의 나라를 유업으로 받지 못할 것이요."(갈 5:19-21)

성령에 의한 삶을 살 때 '하나님의 열매'가 풍성한 삶을 살 수 있습니다. 성령에 의한 삶을 살지 않으면 '하나님의 열매'가 없을 뿐만 아니라 '육체의 열매'가 가득하게 됩니다.

육체의 일(열매)이 무엇인지는 분명합니다. 우리의 삶을 곤고하게 하며 고통스럽게 하는 것들입니다. 사랑하는 사람들과의 관계가 깨지고 마음의 평강을 잃습니다. 정서적으로 어려움을 당하여 불안해하고 두려움에 빠지고, 심지어 삶을 포기하기도 합니다. 삶의 모든 영역의 균형이 깨어집니다. 무엇보다 본문의 말씀은 '이러한 자들은 하나님의 나라를 유업으로 받지 못한다'고 말씀합니다.

오늘날 이러한 '육체의 일(열매)'을 성도들의 삶 속에서도 어렵지 않게 발견할 수 있습니다. 그것은 성도들이 성령을 따라 행하고 있지 않다는 것을 의미합니다. 즉 성령에 의한 삶을 살고 있지 않다는 것이지요. 하나님께서 보실 때 얼마나 마음이 아프실까요.

성령님을 따라 행할 때, 곧 성령에 의한 삶을 살게 될 때, 이러한 육체의 일을 피할 수 있습니다.

둘째, 성령을 따라 행할 때 맺히는 성령의 열매

"오직 성령의 열매는 사랑과 희락과 화평과 오래 참음과 자비와 양

선과 충성과 온유와 절제니 이같은 것을 금지할 법이 없느니라."(갈 5:22-23)

소위 '성령의 9가지 열매'는 말 그대로 우리가 성령을 따라 행할 때 우리의 심령과 삶에 맺게 되는 열매들입니다.

너무나도 소중한 이 열매들, 성도의 삶에 반드시 맺혀야 하는 이 열매들이 오늘날에는 주일학교 아이들의 퀴즈나 단골 문제로 나오는 것이 되어 버렸습니다.

'사랑과 희락과 화평과 오래 참음과 자비와 양선과 충성과 온유와 절제'

이것은 성도가 반드시 맺어야 하는 열매입니다. 왜냐하면 성도들이 이러한 열매를 맺을 때 하나님께서 영광을 받으시기 때문입니다. 또한 성도들이 이러한 열매를 맺을 때, 세상이 성도들을 통해, 교회를 통해 하나님을 보게 되고, 그들이 하나님께 나아오게 될 것입니다.

당신은 하나님과 사람들을 사랑하십니까? 당신에게는 환경에 구애받지 않는 기쁨과 평강이 있습니까? 당신은 오래 참습니까? 당신은 다른 사람들을 잘 용납하십니까? 당신은 선을 행하고 있습니까? 당신은 하나님께 충성스럽습니까? 당신은 온유하며 절제하십니까?
성령의 열매가 풍성한 성도들이 되시기를 바랍니다.

함께 나누기

1. 오늘 말씀 중에 가장 마음에 남는 말씀은 무엇입니까?

_____

_____

_____

_____

2. 그 말씀이 마음에 남는 이유가 무엇입니까?

_____

_____

_____

_____

3. 오늘의 말씀을 통하여 실천해야 될 사항은 무엇입니까?

_____

_____

_____

_____

한 주간의 기도 제목

나 _____

가정 _____

교회 _____

제 26 과
성령을 받으라

성경 : 행 2: 1-13절
찬송 : 184장, 191장

"오순절 날이 이미 이르매 그들이 다같이 한 곳에 모였더니 홀연히 하늘로부터 급하고 강한 바람 같은 소리가 있어 그들이 앉은 집에 가득하며 마치 불의 혀처럼 갈라지는 것들이 그들에게 보여 각 사람 위에 하나씩 임하여 있더니 그들이 다 성령의 충만함을 받고 성령이 말하게 하심을 따라 다른 언어들로 말하기를 시작하니라."(1-4절)

비행기 조종사들이 사용하는 용어 중에 '마의 11분'이란 용어가 있습니다. 이륙할 때 3분, 착륙할 때 8분을 가리킵니다. 이 시간대는 비행 중의 가장 위험한 시간대입니다. 왜냐하면 비행기가 이륙하자면 많은 힘이 필요한데 이륙할 때 조그만 불꽃 하나만 일어나도 비행기가 폭발할 가능성이 크기 때문입니다. 이때 가장 많은 항공 사고가 납니다. 거대한 비행기 동체를 공중으로 끌어올리기 위해서는 모든 엔진에 불을 붙여야 합니다. 그리고 이륙을 합니다.

마찬가지로 교회라는 공동체를 부흥으로 이끌기 위해서는 모든 기관에 성령의 불을 붙여야 합니다. 그렇게 성령의 불을 붙이는 장면이 사도행전 2장에 나옵니다. 그렇다면 교회가 성령의 불을 받고 성령의 불이 활활 타오르기 위해서는 어떻게 해야 하겠습니까? 그리고 성령 받은 성도가 해야 할 일은 무엇이겠습니까?

첫째, 다같이 한 곳에 모여야 합니다.

예수님께서 승천하시기 직전에 말씀하셨습니다. **"너희가 위로부터 능력으로 입혀질 때까지 예루살렘을 떠나지 말고 이 성에 머물라"**고 하셨습니다. 그래서 제자들이 예수님을 따르는 여러 성도들과 함께 한 다락방에 모였습니다. 제자들이 예수님의 말씀대로 순종했습니다. 순종할 때 역사가 일어납니다.

다락방에는 예수님의 제자들을 비롯한 예수님의 어머니, 다른 여자들, 예수님의 동생들과 여러 사람들이 모여 있었습니다. 그 사람들이 아버지께서 약속하신 성령의 덧입기 위하여 다락방에 모여서 약속을 받고 기다렸습니다.

부흥하고 성장하는 교회는 모이기를 힘쓰는 교회입니다. 주일에도 함께 모이고, 수요일에도 함께 모이고, 금요일에도 함께 모이고, 새벽에도 함께 모이고, 모든 부서모임에도 함께 모이고 늘 모이는 교회가 부흥하고 성장합니다.

생명을 품는 인큐베이터처럼 생명이 자라게 하는 교회가 부흥하는 교회입니다. 그러므로 우리 교회와 구역이 모이기에 힘써서 교회와 구역을 성장하게 하는 성도들이 되시기를 바랍니다.

둘째, 계속 기도에 힘써야 합니다.

기도는 성령 안에서 마음이 하나가 되어야 합니다. 마음이 하나 되어 기도할 때 역사가 일어납니다. 한 사람보다 두 사람이, 두 사람보다 세 사람이 힘을 합치면 더 큰 역사가 일어날 수 있습니다.

예수님의 제자들을 비롯한 약 120명의 성도들은 다락방에 모여서 '오로지' 기도에 힘썼습니다. '오로지'라는 말은 헬라어의 '계속해서' 기도했다는 뜻입니다. 끊이지 않고 열흘 동안 계속적으로 기도했습니다.

오순절 날에 120명의 성도들이 다락방에 함께 모여 계속해서 기도에 힘썼던 것처럼 우리도 역시 오로지 기도에 힘써서 성령을 충만하게 받는 성도들이 되시기를 바랍니다.

셋째, 성령의 역사를 받아들여야 합니다.

오순절 날, 드디어 성령이 임했습니다. 성령이 바람같이 불같이 임했습니다. 그때 사람들이 방언을 하기 시작했고, 그 방언 소리를 들은 사람들은 깜짝 놀랐습니다. 어떤 사람들은 당황하고 어떤 사람들은 새 술에 취했다고 조롱하기도 했습니다.

그때 베드로 사도가 오순절 사건이 구약의 요엘 선지자의 예언의 성취되었다는 것을 말씀했습니다. 말세를 살아가는 성도가 성령을 받으면 세 가지의 현상이 나타납니다. **첫째는 자녀들이 예언을 하고, 둘째는 젊은이들이 환상을 보고, 셋째는 늙은이들이 꿈을 꾼다고 하였습니다.** 예언과 환상과 꿈이 나타납니다.

그렇다면 성령을 받은 우리가 어떻게 살아야 합니까? **첫째는, 이웃을 사랑해야 합니다. 둘째는, 지역 사회를 섬겨야 합니다. 셋째는, 복음을 전해야 합니다. 넷째는, 세계 선교를 감당해야 합니다.**

우리가 성령을 받은 목적은 권능을 받고 땅끝까지 복음을 전하기 위한 것입니다. 그러므로 우리 모두는 성령을 받고 복음 전하는 대열에 서서 주님의 지상 명령을 감당하는 충성스런 성도가 되시기를 바랍니다.

함께 나누기

1. 오늘 말씀 중에 가장 마음에 남는 말씀은 무엇입니까?

_____

_____

_____

_____

2. 그 말씀이 마음에 남는 이유가 무엇입니까?

_____

_____

_____

_____

3. 오늘의 말씀을 통하여 실천해야 될 사항은 무엇입니까?

_____

_____

_____

_____

한 주간의 기도 제목

나 _____

가정 _____

교회 _____

7월

은혜가 넘치는 신앙생활

잃은 것을 찾는 기쁨
그리스도의 좋은 병사
은혜로 주신 구원
구원은 믿음으로 받습니다.
복음과 함께 역사하시는 성령

제 27 과
잃은 것을 찾는 기쁨

성경 : 눅 15:1-7절
찬송 : 495장, 500장

"예수께서 그들에게 이 비유로 이르시되 너희 중에 어떤 사람이 양 백 마리가 있는데 그 중에 하나를 잃으면 아흔아홉 마리를 들에 두고 그 잃은 것을 찾아내기까지 찾아다니지 않겠느냐"(3-4절)

하나님은 인간을 구원하시기 위해 잃어버린 한 마리의 양을 찾는 목자의 심정으로 말씀하십니다. 당시 예수님의 말씀을 듣기 위해 세리와 죄인들이 예수님께 가까이 다가와서 함께 음식을 먹고 함께 앉아 있는 모습을 본 바리새인들과 서기관들은 예수님을 비난하고 경멸했습니다. 그들은 사회적으로 버림당하고 소외된 사람들이었습니다.

그러나 예수님은 잃어버린 그들을 찾으러 오셨음을 비유로 말씀하셨습니다. 이 세 가지의 비유는 우리에게 하나님의 마음을 알게 해 주는 깊은 뜻이 있습니다.

첫째, 잃은 양을 찾는 목자의 심정입니다.

어떤 목자에게 양 백 마리가 있는데 그 중에 한 마리를 잃게 되면 그 양을 찾기 위해 고생을 무릅쓰고 찾아다니지 않겠느냐는 말씀입니다. 혹 이리의 밥이 되지 않을까, 위험한 지경에 빠져 죽어 가지 않을까, 애타게 기다리는 양을 찾기 위해 온 마음을 다하는 목자의 마음이 예수님의 마음입니다. 그리고 그 양을 찾았을 때 즐거워하며 어깨에 메고 집으로 돌아와 잔치를 베풀며 이웃과 함께 기뻐합니다.

이것이 예수님의 마음입니다. 예수님은 죄인 한 사람이 회개하면 하늘에서는 회개할 것 없는 의인 아흔아홉을 인하여 기뻐하는 것보다 더 기뻐하신다고 하였습니다. 한 영혼이 돌아올 때 주님은 그 어느 것보다 기뻐하십니다.

둘째, 드라크마를 찾는 여인의 마음입니다.

어떤 여자에게 열 드라크마가 있었는데 그 중 한 드라크마를 잃어 버렸습니다. 그 드라크마는 한 데나리온에 해당하는 가치를 지닌 하루 노동자의 품삯과 동일한 동전이기도 합니다. 유대 사회에서는 결혼할 때 남자가 여자에게 사랑의 증표로 열 드라크마를 주었습니다. 열 드라크마를 꿰어서 여자의 머리에 둘러 줍니다.

그러므로 그 여자에게 있어서는 이 드라크마는 없어서는 안 될 소중한 것입니다. 이 잃어버린 한 드라크마를 찾기 위해서 등불을 밝히고 온 집안을 쓸며 드라크마를 찾을 때까지 부지런히 찾을 것입니다. 그리고 그 동전을 찾았을 때 친구들을 불러 놓고 잔치를 하며 기뻐한다는 이야기입니다. 이와같이 죄인 한 사람이 회개하고 돌아오면 하나님께서 기뻐하십니다.

셋째, 잃어버린 아들을 찾는 아버지의 마음입니다.

어떤 아버지에게 두 아들이 있었습니다. 큰 아들은 집에 있으면서 불평하는 자였고, 둘째 아들은 아버지의 재산을 가지고 집을 나간 탕자였습니다. 아들은 신기루를 찾아서 먼 미지의 세계로 떠납니다. 그리고 자기에게 있는 모든 재산을 탕진하고 맙니다. 그리고 배고픔에 허덕이며 돼지가 먹는 쥐엄 열매로 배를 채우고자 해도 주는 자가 없었습니다. 결국 아버지를 생각하고 자신의 잘못을 뉘우치고 집으로 돌아가기로 결심합니다.

　그때 아버지는 돌아온 아들을 반기며 따뜻하게 맞아줍니다. 내 아들이 죽었다고 다시 살아 왔다고 사랑과 자비로 안아 주시는 아버지의 모습입니다. 우리 하나님은 탕자와 같은 죄인들을 기다리고 계십니다. 한 영혼이 돌아 올 때 하나님은 기뻐하며 춤을 추십니다. 이것이 아버지의 마음임을 기억하시기를 바랍니다.

함께 나누기

1. 오늘 말씀 중에 가장 마음에 남는 말씀은 무엇입니까?

_____

_____

_____

_____

2. 그 말씀이 마음에 남는 이유가 무엇입니까?

_____

_____

_____

_____

3. 오늘의 말씀을 통하여 실천해야 될 사항은 무엇입니까?

_____

_____

_____

_____

한 주간의 기도 제목

나 _____

가정 _____

교회 _____

제 28 과
그리스도의 좋은 병사

성경 : 딤후 2:3-4절
찬송 : 358장, 360장

"너는 그리스도 예수의 좋은 병사로 나와 함께 고난을 받으라 병사로 복무하는 자는 자기 생활에 얽매이는 자가 하나도 없나니 이는 병사로 모집한 자를 기쁘게 하려 함이라" (3-4절)

성경은 우리 그리스도인을 여러 가지로 비유하고 있습니다. 그리스도의 편지, 그리스도의 향기, 그리스도의 대사, 그리스도의 병사 등으로 비유하고 있습니다. 우리 그리스도인은 그리스도의 병사로 부름 받았습니다. 이는 훈련을 통해서 강인한 병사가 되듯이 우리 역시 그리스도 안에 거함으로 영적 신앙적 은혜와 훈련으로 강한 병사가 될 수 있습니다.

첫째, 충성되어야 합니다.

우리는 예수 그리스도의 증인입니다. 증인은 목격하거나 경험한 사실을 그대로 진술합니다. 예수님의 죽음과 부활을 증거함에는 생명의 위협과 두려움이 따릅니다. 그러므로 충성된 자가 증인이 될 수 있습니다. 복음을 증거하는 현장은 영적 전투장이기도 합니다. 순교적인 자세를 가지고 충성해야 합니다. 그래서 바울은 많은 증인들 앞에서 충성된 사람들에게 복음을 위탁하라고 가르쳤습니다. 이는 충성된 사람이 이 사명을 감당할 수 있기 때문입니다. 또한 충성된 사람에게 위탁해야 복음이 계속해서 계승될 수 있기 때문입니다.

하나님의 비밀을 맡은 자는 충성된 자세로 섬겨야 합니다. 그리스도의 좋은 병사는 그리스도께 충성하는 병사입니다.

둘째, 고난을 함께 해야 합니다.

좋은 병사가 되기 위해서는 필수적인 조건이 있습니다. 그것은 고난 받을 각오가 있어야 합니다. 바울은 그리스도의 좋은 병사의 모델이었습니다. 수많은 어려움과 위기, 고난을 헤치고 나가 끝까지 복음을 전파하며 승전한 고난 속의 일꾼이었습니다. 그는 디모데에게 오직 하나님의 능력을 따라 복음과 함께 고난을 받으라고 했습니다.

고난이 없는 영광은 없습니다. 반드시 고난 후에 영광이 따라오는 것입니다. 현재의 고난은 우리에게 나타날 영광과 족히 비교가 되지 않는다고 말씀합니다. 어떤 고난도 감수하는 병사가 그리스도의 좋은 병사입니다. 우리는 십자가의 고난의 주님을 바라보며 어떤 고난도 헤쳐 나갈 수 있는 좋은 병사로서 담대하게 사명 앞에 서시기를 바랍니다.

셋째, 모집한 자를 기쁘게 해야 합니다.

병사를 모집한 목적은 모집한 자를 기쁘게 하기 위한 것입니다. 그리스도의 병사는 대장되신 그리스도의 명령에 따라 절대 복종해야 합니다. 사생활이 없습니다.

또한 부름 받은 병사는 주님이 모든 것을 책임져 주시기 때문에 생활에 대한 염려를 할 필요가 없습니다. 의식주 문제까지 다 맡기고 오직 부르신 이를 위해 충성을 다해야 합니다. 우리는 하나님을 기쁘시게 하는 믿음의 용사가 되어야 합니다. 오직 주를 기쁘시게 하는 자가 되시기를 바랍니다.

　좋은 병사는 명령 앞에 복종함과 두려워하지 않는 용기를 가지고 전진하는 병사입니다. 오늘 이 시대 참으로 이런 충성되고 신실한 복음의 일꾼이 필요합니다. 우리 모두 그리스도의 좋은 병사가 되시기를 바랍니다.

함께 나누기

1. 오늘 말씀 중에 가장 마음에 남는 말씀은 무엇입니까?

_____

_____

_____

_____

2. 그 말씀이 마음에 남는 이유가 무엇입니까?

_____

_____

_____

_____

3. 오늘의 말씀을 통하여 실천해야 될 사항은 무엇입니까?

_____

_____

_____

_____

한 주간의 기도 제목

나 _____

가정 _____

교회 _____

제 29 과
은혜로 주신 구원

성경 : 엡 2:8-9절
찬송 : 251장, 310장

"너희는 그 은혜에 의하여 믿음으로 구원을 얻었으니 이것은 너희에게서 난 것이 아니요 하나님의 선물이라 행위에서 난 것이 아니니 누구든지 자랑하지 못하게 함이라."(8-9절)

구원의 문제는 우리 인간에게 가장 시급하고 중요한 문제입니다. 그러므로 내가 왜 구원을 받아야 하는지를 깨닫게 하는 일은 미룰 수 없는 일이기도 합니다. 성경은 이 구원에 대해 전적으로 하나님의 은혜의 선물이라고 말씀하고 있습니다.

인간은 자신의 어떤 노력이나 힘으로 구원을 얻을 수 없는 존재이며 구원은 오직 하나님의 긍휼과 사랑에 의해서 가능케 한 놀라운 일이기에 하나님의 은혜라고 선언하였습니다. 이 은혜가 누구에게 나타났습니까?

첫째, 허물과 죄로 죽어 있는 우리에게입니다.

우리는 본질상 진노의 자녀요 세상 풍조를 따르고 사탄에게 종노릇하며 온갖 욕심으로 가득차 육체의 원하는 대로 살았습니다.

우리는 이미 영적으로 하나님과 단절된 죽은 상태였습니다. 하나님의 생명을 잃어버린 어찌할 수 없는 죄인의 운명으로 전락되어 심판과 형벌만이 기다리는 참으로 불쌍하고 가련한 존재였습니다. 이 희망 없는 죄인을 살리시려고 하나님께서 인간을 찾아 오셨는데 이

것 또한 파격적인 하나님의 은혜였습니다.

예수 그리스도가 이 땅에 오심은 임마누엘의 사건입니다. 하나님이 나와 함께 하시는 은혜 중의 은혜입니다.

죄와 허물로 죽은 우리를 살리시려고 친히 육신을 입으시고 이 땅에 오셔서 대속의 십자가에 달려 죽으신 것은 하나님의 놀라운 은총이며 축복이라고 밖에 말할 수 없습니다.

둘째, 풍성하신 긍휼과 사랑 때문입니다.

허물과 죄가 많은 인간은 당연히 심판 받아 마땅합니다. 사실 사랑받을 자격도 없고 용서 받을 자격도 없는 우리를 하나님은 저주와 사망 가운데 버리시지 않으시고 큰 사랑과 긍휼을 베푸시어 우리를 살리셨습니다. 이것은 하나님의 구원입니다. 오직 풍성하신 긍휼과 사랑으로 말미암아 값없이 주신 구원입니다.

우리는 정말로 하나님의 은혜가 아니면 구원 받을 수 없는 존재임을 깊이 인식해야 합니다. 그러므로 구원의 은혜를 입은 우리는 하나님의 인자하심을 영원히 찬양하며 감사하는 성도가 되어야겠습니다.

셋째, 하나님의 은혜를 헛되이 받지 말아야 합니다.

구원은 값없이 주시는 하나님의 선물이나 그 속에는 하나님의 희생적 죽음과 고통이 치러졌음을 알아야 합니다. 십자가는 하나님의 공의와 사랑을 보여 주는 구속적 은혜의 신비이기도 합니다. 그러므로 예수를 믿는 성도들은 이 놀라운 하나님의 사랑과 은혜로 인하여 얻은 구원의 기쁨과 감격을 잃지 않아야 합니다.

받은바 은혜를 소중히 여기는 자세를 가져야 합니다. 또한 이렇게 값진 은혜를 입은 자는 예수 안에서 새로운 피조물로서 새로운 삶을 살아야 합니다. **"누구든지 그리스도 안에 있으면 새로운 피조물이라 이전 것은 지나갔으니 보라 새것이 되었도다"**(고후 5:17)

즉 은혜를 입은 자로서 변화와 소망이 일어나야 합니다.

하나님은 결코 은혜를 헛되게 하지 않습니다. 은혜를 받은 자마다 변화되어 위대한 믿음의 사람으로 존귀하게 쓰임 받았습니다. 그러므로 우리 성도들도 가정과 사회에서 빛과 소금의 사명을 다하는 삶을 살아가시기를 바랍니다.

함께 나누기

1. 오늘 말씀 중에 가장 마음에 남는 말씀은 무엇입니까?

_____

_____

_____

_____

2. 그 말씀이 마음에 남는 이유가 무엇입니까?

_____

_____

_____

_____

3. 오늘의 말씀을 통하여 실천해야 될 사항은 무엇입니까?

_____

_____

_____

_____

한 주간의 기도 제목

나   _____

가정   _____

교회   _____

제 30 과
구원은 믿음으로 받습니다.

성경 : 롬 10:9-10절
찬송 : 544장, 542장

"내가 만일 네 입으로 예수를 주로 시인하며 또 하나님께서 그를 죽은 자 가운데서 살리신 것을 네 마음에 믿으면 구원을 받으리라 사람이 마음으로 믿어 의에 이르고 입으로 시인하여 구원에 이르느니라"(8-9절)

구원은 하나님께서 인간에게 주신 너무나 아름답고 귀한 선물입니다. 인간은 어느 누구도 이 구원을 받을 만한 자격이 없습니다. 그러나 하나님은 우리에게 아무 조건 없이 구원의 길을 열어 놓으셨고 구원의 대상 또한 "누구든지"입니다. 누구든지 예수 그리스도를 믿으면 구원을 얻고 하나님의 자녀가 됩니다. 누구에나 차별 없이 열려 있습니다. 바울은 **주 예수를 믿으라 그리하면 너와 네 집이 구원을 얻으리라**(행16:31)라고 증거했습니다. 또한 이 구원의 기쁜 소식을 전하는 자의 발이 아름답다고 말씀하셨습니다. 그렇다면 하나님께서 주시는 이 구원을 어떻게 받습니까?

첫째, 오직 믿음으로 받습니다.

구원은 믿음으로 받는 아주 단순한 원리를 가지고 있습니다. 하늘에서 별을 따는 것처럼 어려운 일이 아닙니다. 인간 편에서는 아무런 대가가 없지만 하나님 편에서는 사랑하는 독생자 예수를 십자가에 못 박혀 죽게 하시는 값으로 환산할 수 없는 엄청난 대가를 지불하심으로 우리를 구원하셨기 때문입니다. 그래서 구원은 하나님의 은혜요 선물입니다. 놀라운 것은 이 구원은 오직 믿음으로 받습니다. 이 것 또한 하나님의 은혜라고 할 수 밖에 없습니다. 그 어떤 것으로도 얻을 수 없는 것이 구원입니다.

우리의 구세주 되신 예수를 믿음으로 구원을 얻게 되고 하나님의 자녀가 되는 복을 누리게 됨이 얼마나 감사한지 날마다 그 은혜를 찬양해야 합니다.

둘째, 행위로는 누구도 구원을 얻을 수 없습니다.

구원에 있어서 그 어떤 행위나 공적을 끌어 들이는 것은 구원의 본질을 망치고 왜곡시키는 일이므로 매우 위험하고 경계해야 할 일입니다. 구원은 **"행위에서 난 것이 아니니 이는 누구든지 자랑하지 못하게 하려 함이라"**(엡 2:9). 그 어떤 행위로도 구원을 얻을 육체는 없다고 말씀하고 있습니다. 인간은 이미 타락하고 부패한 존재이기 때문입니다. 만일 우리가 어떤 노력이나 공로로 구원을 얻는다면 십자가는 무용지물이 될 것입니다. 인간은 어떤 종교나 철학이나 수양으로도 선행으로도 구원을 얻을 능력이 없습니다.

그래서 오직 믿음 외에는 구원을 얻을 수 있는 방법이 없습니다. 이것이 하나님께서 인간에게 열어 놓으신 구원의 방법입니다. 이것은 어느 인간도 하나님 앞에서 자랑할 수 없는 존재임을 깨닫게 하기 위함입니다.

셋째, 구원을 주신 하나님께 영광을 돌려야 합니다.

전적인 하나님의 은혜로 구원을 얻은 우리는 하나님께 찬양과 감사와 영광을 돌리는 삶을 살아야 합니다. 이는 아무 공로 없이 믿음으로 구원을 받은 우리의 마땅한 태도입니다. 아무런 대가도 없이 믿음의 복을 받은 자로서 그 은혜의 크고 귀함을 아는 것은 은혜 받은 자의 도리일 것입니다. 나 같은 죄인을 구원하신 주의 은혜를 늘 감사하며 아버지께 영광을 돌리는 우리 모두가 되어야 합니다.

그러므로 믿음으로 구원을 얻은 사람은 예수 그리스도 안에서 새로 지으심을 받은 새로운 피조물이 되었습니다. 또한 선한 일을 위하여 준비된 사람들입니다. 이제 구원 받은 그리스도인으로서 하나님의 기뻐하시는 뜻을 좇아 선한 열매를 맺는 진실한 믿음의 사람이 되시기를 바랍니다.

함께 나누기

1. 오늘 말씀 중에 가장 마음에 남는 말씀은 무엇입니까?

_____

_____

_____

_____

2. 그 말씀이 마음에 남는 이유가 무엇입니까?

_____

_____

_____

_____

3. 오늘의 말씀을 통하여 실천해야 될 사항은 무엇입니까?

_____

_____

_____

_____

한 주간의 기도 제목

나 _____

가정 _____

교회 _____

제 31 과
복음과 함께 역사하시는 성령

성경 : 행 8:1-8절
찬송 : 185장, 191장

"그 흩어진 사람들이 두루 다니며 복음의 말씀을 전할새 빌립이 사마리아성에 내려가 그리스도를 백성에게 전파하니 무리가 빌립의 말도 듣고 행하는 표적도 보고 한 마음으로 그가 하는 말을 따르더라."
(4-6절)

오순절 성령 강림 이후 복음이 초대교회를 통해 온 지역으로 전파되며 확산되었습니다. 스데반의 순교로 시작된 교회의 박해는 예루살렘 교회의 성도들이 각처로 흩어지게 만드는 계기가 되었습니다.

하나님은 이 박해를 통해서 복음이 예루살렘에만 머무르지 않고 전 세계로 퍼져 나가도록 역사하셨습니다. 흩어진 복음의 전도자들로 인해 오히려 복음의 능력이 강력하게 나타났습니다. 박해로 인해 사라질 것 같았던 복음의 영향력은 더 커졌고 소멸되지 않는 생명력을 가진 복음의 위력을 유감없이 나타내었습니다. 복음의 능력은 지금도 성령의 역동적인 역사와 함께 증거 되는 것을 볼 수 있습니다. 오늘 본문이 우리에게 주는 교훈은 무엇입니까?

첫째, 복음을 전할 때 박해가 옵니다.

율법을 자부하며 하나님을 잘 섬긴다고 자랑했던 유대인들은 결국 메시아 되신 예수를 죽였고 예수 믿는 자들을 핍박하며 진멸하려 했습니다. 그 중심에 사울이 있었습니다. 그는 스데반을 죽이는데 가담했고 누구보다 열심히 교회를 핍박했습니다. 많은 그리스도인들이

뿔뿔이 흩어졌고 감옥에 갇혔습니다.

하나님은 교회의 핍박을 통해 복음이 온 세계로 전파되도록 역사하셨습니다.

교회는 박해와 시련 가운데에서 오히려 성장하며 든든해졌습니다. 우리는 환난과 시련이 올 때 인내하며 복음을 통해 하나님의 선하신 뜻이 이루어지도록 기도해야 합니다.

둘째, 박해 속에서 복음의 능력이 나타납니다.

초대교회 성도들은 박해로 인해 각처로 흩어졌습니다. 그들은 가는 곳마다 복음을 전했습니다. 오히려 박해로 인해 교회는 더 든든히 서고 복음은 널리 전파되었으며, 복음이 전해지는 곳마다 주의 손이 함께 하셨습니다. 전도자 빌립은 사마리아성에 주의 복음을 전하였는데 악한 귀신이 떠나가고 중풍병자와 못 걷는 자가 일어나는 놀라운 능력이 나타났습니다.

온 인류를 향한 하나님의 소원은 바로 이 복음을 통해 모든 사람이 구원받는 것입니다. 그러므로 오늘도 하나님은 우리에게 동일한 은혜를 베푸십니다. 복음이 전해지는 곳에 성령의 강한 역사가 나타납니다. 어떤 고난과 어려움이 와도 우리는 복음을 전해야 합니다. 복음은 모든 믿는 자에게 구원을 주시는 하나님의 능력입니다.(롬 1:16)

셋째, 성령은 복음의 열매를 맺게 하십니다.

복음을 전한 사마리아성에 큰 기쁨의 열매가 맺혔습니다. 사마리아 사람들은 이방인으로 죄인 취급을 받았던 사람들이었습니다. 그러나 빌립을 통해 전해진 복음의 기쁜 소식을 듣고 예수를 믿음으로 큰 기쁨이 성에 임하였습니다. 생명의 기쁨, 구원의 기쁨이 넘치는 삶으로 바뀌었습니다. 복음을 받아들인 이들의 삶은 하늘의 기쁨이 넘쳤습니다. 이것이 바로 복음의 열매입니다. 죄 가운데 신음하며 고통당하는 사람들에게 절망과 아픔 속에 한탄하며 슬퍼하는 자들에게 이 기쁨의 소식을 전해야 합니다.

이 복음이 아니고는 저들을 살릴 길이 없습니다. 우리는 복음의 사명을 받은 사람들입니다. 이 복음을 통해서 하늘의 기쁨을 나눠주는 전도자들이 되시기를 바랍니다.

함께 나누기

1. 오늘 말씀 중에 가장 마음에 남는 말씀은 무엇입니까?

_____

_____

_____

_____

2. 그 말씀이 마음에 남는 이유가 무엇입니까?

_____

_____

_____

_____

3. 오늘의 말씀을 통하여 실천해야 될 사항은 무엇입니까?

_____

_____

_____

_____

한 주간의 기도 제목

나 _____

가정 _____

교회 _____

8월

복음이 충만한 신앙생활

복음을 부끄러워하지 맙시다.
복음의 사명으로 일어나자
오직 십자가 복음
구원 받은 자의 증거

제 32 과

복음을 부끄러워하지 맙시다.

성경 : 롬 1:16-17절
찬송 : 323장, 515장

"복음에는 하나님의 의가 나타나서 믿음으로 믿음에 이르게 하나니 기록된 바 오직 의인은 믿음으로 살리라 함과 같으니라"(17절)

하나님이 인간에게 주신 유일한 구원의 길이 복음입니다. 사도 바울은 부활하신 예수님을 만난 후 자신이 얼마나 큰 죄인인가를 깨닫고 나는 죄인 중의 괴수라고 고백했습니다. 나 같은 죄인을 구원하신 하나님의 은혜와 사랑이 너무도 크고 귀하여 세상의 모든 것을 분토와 같이 여기며 배설물로 여겼습니다. 오로지 십자가의 복음 외에는 자랑하지 않겠다고 선언합니다. 그는 마지막 순간까지 복음을 전하는 일에 전력을 다하여 달려갔습니다. 이제 내가 달려갈 길을 달려왔고 사명을 다하였으니 이후로는 나를 위해 생명의 면류관이 예비되었다고 고백합니다. 우리가 후회 없는 인생으로 살기 위해서는 복음에 전력질주해야 합니다.

첫째, 주님의 마지막 유언입니다.

부모님의 유언을 부끄러워하는 자식은 없습니다. 우리 주님이 제자들에게 마지막 남기신 말씀이 바로 이 복음을 전하라는 것이었습니다. 이것은 마지막 유언이기도 하며 지상 명령으로 주신 것입니다. 땅 끝까지 내 증인이 되라는 주님의 말씀은 오직 복음으로 세상을 구원하시려는 하나님의 절대적인 뜻이기에 이 일을 위해서 우리를 부르셨습니다. 이것이 복음의 절대성입니다.

복음은 부끄러워 할 것이 아니라 자랑해야 할 것입니다. 오직 복음만이 천하보다 귀한 한 영혼을 살리는 일이기 때문입니다.

세상에서 복음을 전하는 일만큼 아름답고 귀한 일은 없습니다. 우리 주님이 가장 원하시는 일이기 때문입니다 주님께서 마지막으로 부탁하신 이 유언의 말씀을 순종하는 복된 성도가 되시기를 바랍니다.

둘째, 우리는 복음에 빚진 자이기 때문입니다.

우리 모두는 하나님의 은혜와 사랑에 빚진 자들입니다. 우리는 이 복음으로 살게 되었고 우리 안에 이 복음이 있습니다. 이 생명의 복음의 가치를 바로 알고 복음에 대한 바른 자세를 가져야 합니다. 사도 바울은 자신이 받은바 은혜에 대해 부채감을 가지고 있었습니다. 그래서 모든 사람에게 내가 빚진 자라고 고백했습니다. 빚진 자라고 하는 것은 전도의 절박성을 말하기도 합니다. 갚아도 되고 안 갚아도 되는 것이 아니라 반드시 갚아야 하는 의무입니다. 이 빚진 자라는 자각에서 바울은 온 힘을 다해 복음을 전했습니다. **"내가 복음을 전할지라도 자랑할 것이 없음은 내가 부득불 할 일임이라 만일 복음을 전하지 않으면 내게 화가 있을 것임이로다"**(고전 9:16)
전도는 업적이 아닙니다. 빚진 자로서 빚을 갚는 것입니다. 자랑할 것이 없는 당연한 의무인 것입니다.

셋째, 복음을 전하는 일은 우리의 사명입니다.

하나님은 에스겔서를 통해서 이렇게 말씀하고 있습니다. **"인자야 내가 너를 이스라엘 족속의 파수꾼으로 세웠으니 너는 내 입의 말을 듣고 나를 대신하여 그들을 깨우치라 가령 내가 악인에게 말하기를**

너는 꼭 죽으리라 할 때에 네가 깨우치지 아니하거나 말로 악인에게 일러서 그 악한 길을 떠나 생명을 구원케 하지 아니하면 그 악인은 그 죄악 중에 죽으려니와 내가 그 피 값을 네 손에서 찾을 것이고 내가 악인을 깨우치되 그가 악한 길에서 돌이키지 아니하면 그는 죄악 중에 죽으려니와 너는 네 생명을 보존하리라"(겔 3:18-19)

복음을 받아들이느냐 받아들이지 않느냐는 전하는 자의 문제가 아닙니다. 이는 하나님의 영역이며 하나님이 하시는 일입니다.

우리는 다만 복음을 주어진 기회를 놓치지 않고 전하기만 하면 우리의 사명을 다하는 것입니다. 빚진 자의 심정으로 전도에 힘쓰는 복음의 일꾼이 되시기를 바랍니다.

함께 나누기

1. 오늘 말씀 중에 가장 마음에 남는 말씀은 무엇입니까?

_____

_____

_____

_____

2. 그 말씀이 마음에 남는 이유가 무엇입니까?

_____

_____

_____

_____

3. 오늘의 말씀을 통하여 실천해야 될 사항은 무엇입니까?

_____

_____

_____

_____

한 주간의 기도 제목

나 _____

가정 _____

교회 _____

제 33 과
복음의 사명으로 일어나자

성경 : 행 20:22-24절
찬송 : 508장, 511장

"내가 달려갈 길과 주 예수께 받은 사명 곧 하나님의 은혜의 복음을 증언하는 일을 마치려 함에는 나의 생명조차 조금도 귀한 것으로 여기지 아니 하노라"(24절)

사도 바울은 그의 일생에 복음을 전하기 위해 수많은 핍박과 고난을 당했던 사람입니다. 하나님께서 그를 부르셔서 이방인의 사도로 세우시고 복음을 위해 생명조차 귀하게 여기지 않는 충성된 일꾼으로 쓰셨습니다.

오늘 본문은 이제 마지막으로 가기 원했던 로마를 향하여 예루살렘으로 들어가는 시점에 그의 결연한 의지와 결단을 고백하는 모습입니다. 무슨 일을 당할지 모르는 상황 속에서 복음을 위한 그의 행보는 멈추지 않았고 마치 목표를 향해 달리는 운동선수와 같았습니다. 우리는 이 자세를 배우고 본받아서 바울처럼 사명의 사람으로 일어나야 하겠습니다. 이와 같은 사명의 사람으로 살기 위해서 우리는 어떻게 해야 할까요?

첫째, 성령을 따라 행해야 합니다.

주님이 우리에게 성령을 보내 주신 궁극적인 목적은 예수를 증거하기 위해서입니다. 성령의 뜻을 좇아 사는 사람은 복음에 사로잡혀 이끌립니다. 복음을 전하지 않고는 견딜 수 없고 모든 삶의 초점이 복음에 맞춰집니다. 우리 모두 성령에 메인 바 되는 강권적인 은혜가 임하기를 바랍니다. 또한 성령은 복음을 통해서 영혼을 구원하는 일에 전심으로 역사하십니다.

하나님이 기뻐하시므로 성령 또한 기뻐하시며 때를 따라 지혜와 능력을 유감없이 나타내십니다. 그러므로 성령이 함께 하시는 전도는 반드시 열매를 맺습니다.

그리고 어떤 위험과 고난이 와도 두려워하지 않습니다. 모든 겸손과 눈물과 인내를 이루게 하시고 하나님께 대한 회개와 주 예수 그리스도에 대한 믿음을 증언하도록 역사하십니다. 성령으로 살아갈 때 우리는 복음의 일꾼이 될 수 있습니다.

둘째, 복음은 언제나 고난이 함께 합니다.

사도 바울의 일생은 고난을 통해 복음의 영광을 드러낸 삶입니다. 주님께서 말씀하신 대로 우리는 복음을 위해 살고자 하면 반드시 고난을 감수해야 하며 자기 목숨을 얻고자 하는 자는 잃어버릴 것이요 나를 위하여 자기 목숨을 잃어 버리는 자는 얻을 것이라고 하셨습니다(마 16:25).

바울은 디모데를 향하여 너는 복음과 함께 고난을 받으라고 했습니다(딤후1:8). 복음의 일꾼이 고난을 받는 것은 부끄러운 것이 아니며 영광스런 하나님의 일에 참여하는 것이라고 말씀하고 있습니다. 하나님은 고난을 통해서 우리를 다루실 뿐 아니라 고난 속에서 꽃을 피우게 하십니다. 복음은 언제나 고난과 함께 하나님의 놀라운 일들을 이루어 갑니다.

셋째, 사명으로 깨어나야 합니다.

교회를 세우신 목적도 나 같은 죄인을 구원하신 뜻도 바로 복음을 전하기 위해서입니다. 이 복음은 특별한 사람만이 전하는 것이 아닙니다. 바로 내가 받은 은혜요 복이며 이 복음은 나를 통해서 하나님이 하시고자 하는 놀라운 계획임을 알아야 합니다. 내게 주신 사명이라는 사실을 자각하지 못하면 복음의 생명력은 상실됩니다.

바울은 주 예수께서 내게 주신 사명이라고 이 사명을 위해 나의 생명도 조금도 귀하게 여기지 않으며 이 복음을 전하지 않으면 내게 화가 미칠 것이라고 고백했습니다. 우리 모두 사명으로 깨어나 복음의 능력으로 일어나시기를 바랍니다.

함께 나누기

1. 오늘 말씀 중에 가장 마음에 남는 말씀은 무엇입니까?

_____

_____

_____

_____

2. 그 말씀이 마음에 남는 이유가 무엇입니까?

_____

_____

_____

_____

3. 오늘의 말씀을 통하여 실천해야 될 사항은 무엇입니까?

_____

_____

_____

_____

한 주간의 기도 제목

나 _____

가정 _____

교회 _____

제 34 과
오직 십자가 복음

성경 : 갈 1:6-7절
찬송 : 502장, 505장

"다른 복음은 없나니 다만 어떤 사람들이 너희를 교란하여 그리스도의 복음을 변하게 하려 함이라"(7절)

갈라디아서는 십자가의 복음을 잘 설명해 주는 서신입니다. 바울이 매우 격앙된 어조로 다른 복음에 대해 언급하고 있는 것은 그 당시 잘못된 교리를 가지고 교인들을 혼란케 하며 복음을 변질시키는 무리들이 있었기 때문입니다. 이에 대해 단호하고 분명하게 말씀하고 있습니다.

다른 복음은 무엇이며 다른 복음을 전하면 어떻게 된다고 했습니까? 그리고 우리가 전해야 할 복음은 무엇입니까?

첫째, 다른 복음은 없습니다.

바울이 전하여 준 그리스도의 복음을 따르지 않는 당시 거짓교사들은 교인들을 꾀어서 변질되고 잘못된 복음을 가지고 교란시키며 갈라디아 교회를 혼란케 했습니다. 그 중의 대표적인 것이 할례를 받아야 구원을 받는다는 주장이었습니다.

할례는 아브라함 때부터 행해져 온 하나님의 언약 백성으로서 구원 받은 백성의 증표였습니다. 당시 유대인들에게는 매우 중요한 의식으로 여겨졌습니다. 그래서 유대인 그리스도인들은 예수도 믿고 할례도 받아야 구원을 받는다고 가르쳤습니다.

그러나 바울은 그 어떤 행위나 의식이 구원의 조건이 될 수 없으며 오직 예수 그리스도를 믿음으로 구원에 이르며 예수 한 분으로 구원의 조건이 충분하다고 선포하였습니다.

할례 없는 구원은 율법에서 벗어난 것으로 유대인들에게는 거리끼는 것이었으며 충격적인 사실로 받아들일 수밖에 없었습니다. 그래서 바울은 오직 십자가의 복음만이 우리를 구원하는 하나님의 능력이라고 가르쳤습니다.

둘째, 다른 복음을 전하면 저주를 받습니다.

요즘 이단들이 잘못된 교리나 주장으로 교회를 혼란케 하며 많은 교인들을 유혹하며 미혹케 하는 일이 있습니다. 우리는 이러한 이단들을 절대 용납하지 말아야 합니다. 그리스도 예수의 바른 진리의 복음을 사수하고 이 어려운 시대에 진리의 파수꾼의 사명을 다하여야 합니다. 하나님의 말씀에 더하거나 감하는 일은 매우 위험스런 일입니다. 그러므로 우리가 전해야 할 복음은 다른 복음이 아닌 예수 십자가의 복음입니다. 예수님의 제자들이나 초대교회 성도들은 이 복음의 능력으로 세상을 향해 담대하게 나아갔습니다. 십자가의 복음이 변질되면 우리는 구원의 능력을 상실하게 될 것입니다. **"십자가의 도가 멸망하는 자들에게는 미련하게 보임이요 구원을 얻는 우리에게는 하나님의 능력이 됨이라"**(고전 1:18)

셋째, 하나님의 기쁨이 되어야 합니다.

갈라디아 교회는 이러한 유대인들의 가르침으로 인해 혼란이 왔습니다. 바울이 전한 복음을 들었을 때 유대인 그리스도인들은 반감을 가지게 되었습니다. 모세의 율법인 할례를 받지 않고도 구원을 받는다고 했기 때문입니다.

그러나 이방인들은 할례를 받지 않아도 구원을 받는다는 바울의 복음을 기쁘게 생각했습니다. 그렇다고 해서 바울이 이방인을 기쁘게 하기 위해서 무할례를 주장한 것이 아닙니다.

바울은 **"내가 사람을 기쁘게 하랴 하나님을 기쁘게 하랴 만약 내가 사람을 기쁘게 하기 위한 것이었다면 나는 그리스도의 종이 아니니라"**라고 증언합니다. 우리는 언제나 하나님을 기쁘게 해 드려야 합니다. 하나님을 기쁘게 해 드리는 일이 바로 십자가의 순수한 복음을 전하는 일입니다.

함께 나누기

1. 오늘 말씀 중에 가장 마음에 남는 말씀은 무엇입니까?

_____

_____

_____

_____

2. 그 말씀이 마음에 남는 이유가 무엇입니까?

_____

_____

_____

_____

3. 오늘의 말씀을 통하여 실천해야 될 사항은 무엇입니까?

_____

_____

_____

_____

한 주간의 기도 제목

나 _____

가정 _____

교회 _____

제 35 과
구원 받은 자의 증거

성경 : 행 2:46-47절
찬송 : 182장, 218장

"날마다 마음을 같이하여 성전에 모이기를 힘쓰고 집에서 떡을 떼며 기쁨과 순전한 마음으로 음식을 먹고 하나님을 찬미하며 또 온 백성에게 칭송을 받으니 주께서 구원 받는 사람을 날마다 더하게 하시니라"(8-9절)

성도는 죄악된 세상에서 불러냄을 받아 거룩한 하나님의 자녀로 새롭게 태어난 것입니다. 그러므로 구원 받은 성도가 세상에서 어떻게 살아야 하는가는 매우 중요한 일입니다.

하나님께서 이 땅에 교회를 세우시고 구원 받은 공동체를 통해서 하나님의 뜻을 실현하시고자 우리를 부르셨습니다. 이제 우리는 구원 받은 성도로서의 삶을 초대교회 성도들로부터 교훈으로 삼고 본받아야 합니다.

첫째, 날마다 마음을 같이하여 모이기에 힘썼습니다.

요즈음은 세상이 많이 변하여 매우 바쁜 시간 속에 살고 있습니다. 또한 물질 만능 사상과 개인 이기주의에 빠져 함께 하기가 매우 어려운 시대가 되었습니다. 갈수록 모이기가 어려워지는 시대이지만 우리 성도들은 달라야 합니다. 마음을 같이하여 모이기에 힘써야 합니다. **"모이기를 폐하는 사람들의 습관과 같이 하지 말고"**(히 10:25)라고 말씀하고 있습니다.

성도는 마음을 같이하여 모일 때 하나님이 기뻐하시는 예배를 드리게 되고 모여서 기도할 때 큰 은혜가 임합니다. 또한 성도들은 사랑과 교제를 통해서 신앙이 성장합니다.

초대교회는 성령이 충만하고 은혜가 넘치는 성도들이 한마음으로 모여 하나님의 사역을 감당했습니다. 핍박과 환난 속에서 두려움 없이 복음의 사명을 다 할 수 있었던 것은 구원의 감격과 기쁨이 너무나 컸기 때문이며 하나님의 살아계신 은혜를 체험했기 때문입니다. 우리 또한 마지막 때가 가까울수록 모이기에 힘쓰는 성도 되시기를 바랍니다.

둘째, 기쁘고 순전한 마음으로 생활하며 하나님을 찬미했습니다.

가정에서든지 어디서든 구원의 기쁨이 넘쳤고 순수하고 온전한 마음으로 떡을 떼며 음식을 먹었고 언제나 하나님을 찬양하는 생활이었습니다. 구원 받은 성도의 삶은 이와 같아야 합니다.

우리의 삶은 어떻습니까? 우리가 은혜를 받을 때 얼마나 기쁩니까? 모든 것이 새롭고 천국을 마음에 소유한 사람이 되듯이 이와 같은 모습이 진정한 구원을 받은 성도의 모습입니다.

우리 모두 성령의 충만함을 구하며 초대교회 성도들과 같은 삶을 사모하며 살아가시기를 바랍니다.

셋째, 온 백성에게 칭송을 받았습니다.

믿는 사람들이 함께 하며 서로 물건을 통용하고 있는 사람들은 없는 사람들에게 필요를 따라 서로 나누어 주는 요즈음 세상에서 보기 어려운 일이 벌어졌습니다. 이들은 하나님을 사랑하며 이웃을 향해 사랑과 섬김의 삶을 몸소 실천한 사람들이었습니다.

구원 받은 성도가 어떻게 살아야 하는지를 삶으로 보여준 것입니다. 그러므로 세상 사람들에게 칭송받는 대상이 되었습니다.

주님께서 **"너희는 세상의 소금이요 빛"**이라고 말씀하셨습니다. 맛을 잃지 않는 성도, 어두운 세상을 비추는 성도로 살아 간다면 우리는 세상에서 비난이 아닌 칭송을 받는 성도가 될 것입니다. 오늘 이 시대 진정한 그리스도인이 되어야 하겠습니다. 이것이 구원 받은 자의 증거입니다.

함께 나누기

1. 오늘 말씀 중에 가장 마음에 남는 말씀은 무엇입니까?

_____

_____

_____

_____

2. 그 말씀이 마음에 남는 이유가 무엇입니까?

_____

_____

_____

_____

3. 오늘의 말씀을 통하여 실천해야 될 사항은 무엇입니까?

_____

_____

_____

_____

한 주간의 기도 제목

나 _____

가정 _____

교회 _____

9월

복음의 삶을 사는 신앙생활

복음에 합당한 그리스도인

복음적인 삶

성령 충만한 삶으로

지금은 구원의 마지막 때입니다.

주야로 묵상하라

제 36 과
복음에 합당한 그리스도인

성경 : 살전 1:6-7절
찬송 : 436장, 510장

"너희는 많은 환란 가운데서 성령의 기쁨으로 말씀을 받아 우리와 주를 본받는 자가 되었으니 그러므로 너희가 마게도냐와 아가야에 있는 모든 믿는 자의 본이 되었느니라"(6-7절)

예수를 믿는 그리스도인의 삶은 언제나 하나님께 영광을 돌리는 삶이어야 합니다. 그리고 세상에 대하여 빛과 소금의 사명을 감당해야 합니다. 주님께서도 한 알의 밀알이 되어 썩어져야만 많은 열매를 맺는다고 말씀하셨습니다.

복음을 통해서 세상을 구원하시는 하나님의 뜻에 합당한 그리스도인으로서 향기를 가지고 살아간다면 이것이 하나님의 은혜를 입은 성도의 마땅한 자세입니다. 그러면 복음에 합당한 그리스도인의 삶은 어떤 삶인가를 말씀을 통해 살펴보겠습니다.

첫째, 주를 본받는 삶입니다.

사도 바울은 어려운 가운데에서 하나님의 말씀을 따라 기쁨으로 살아가는 데살로니가 교인들을 향하여 너희가 우리와 주를 본받는 자 되었다고 증거합니다. 우리의 신앙이 세속적이고 이기적인 모습으로 전락해서는 안 됩니다. 참된 신앙생활은 주를 본받는 생활입니다. 우리는 주님을 닮아 가는 그리스도인입니다.

그리스도인으로서 인격과 성품은 매우 중요합니다. 믿음의 아름다운 덕목을 가지려면 주님을 본받지 않고는 불가능합니다. 우리는 우리의 언행이 일치된 삶으로 그리스도를 보여 주어야 합니다. 그러므로 우리는 언제나 믿음의 주요 온전케 하시는 이인 예수를 바라보아야 합니다.

둘째, 하나님의 백성으로 선한 일을 합니다.

우리를 불법에서 구속하시고 깨끗케 하기 위해 주님께서 십자가에서 자신을 내어 주셨습니다. 이 구속의 은혜를 체험한 그리스도인은 선한 일에 열심을 내는 하나님의 백성으로 살아야 합니다.

불법과 더러운 것을 버리고 선하고 의로운 일을 해야 합니다. 선을 행하라는 것은 단지 도덕적 의무를 말하는 것이 아닙니다. 하나님의 말씀과 뜻을 따라 행하는 것이며 하나님의 은혜로 행해야 합니다.

악은 그 모양이라도 버리라고 말씀하십니다. 하나님은 선하신 분이시고 사랑이 많으십니다. 그러므로 사랑과 헌신과 섬김으로 하나님의 뜻을 이루어 가야 합니다. 선한 양심과 착한 행실로 하나님께 영광을 돌리는 성도가 되시기를 바랍니다.

셋째, 날마다 구원의 은혜를 증거합니다.

복음으로 죄에서 해방된 구원의 은혜는 어느 특정한 사람에게만 적용되는 것이 아닙니다. 모든 사람에게 동일하게 나타나야 합니다. 나만이 누리라고 주신 은혜는 아닙니다. 복음의 은혜를 받은 자로서 이 구원의 은혜를 증거하는 것은 올바른 삶이며 합당한 삶입니다.

그리스도인은 언제나 하나님의 은혜를 찬송하며 감사해야 하고 이 은혜를 나누는 삶을 소망해야 합니다. 데살로니가 교인들처럼 믿음의 본이 되고 좋은 소문이 퍼져 온 지방에 복음의 향기가 되어 사시기 바랍니다.

복음의 가치는 우리의 삶으로 드러납니다. 얼마나 귀하고 복된 은혜인가를 나를 통해서 나타내기를 원하십니다. 우리 모두에게 복음에 합당한 그리스도인으로 살아가는 은혜가 있기를 바랍니다.

함께 나누기

1. 오늘 말씀 중에 가장 마음에 남는 말씀은 무엇입니까?

_____

_____

_____

_____

2. 그 말씀이 마음에 남는 이유가 무엇입니까?

_____

_____

_____

_____

3. 오늘의 말씀을 통하여 실천해야 될 사항은 무엇입니까?

_____

_____

_____

_____

한 주간의 기도 제목

나 _____

가정 _____

교회 _____

제 37 과
복음적인 삶

성경 : 딛 2:11-14절
찬송 : 445장, 449장

"그가 우리를 대신하여 자신을 주심은 모든 불법에서 우리를 속량하시고 우리를 깨끗하게 하사 선한 일을 열심히 하는 자기 백성이 되게 하려 하심이라"(14절)

사도 바울은 목회서신을 통해서 교회가 이단과 거짓교사들의 유혹에 빠지지 않도록 가르쳤습니다. 많은 핍박과 시련 속에서 거짓된 복음에 교회가 어지럽히지 않고 든든히 설 수 있도록 기도했습니다.

오늘의 교회가 이단들의 유혹으로 어려움에 직면하고 있는 것과 같습니다. 그래서 바울은 교회를 보호하고 복음에 합당한 그리스도인의 삶을 살도록 가르쳤습니다. 바울은 교리만을 강조하지 않고 오히려 삶에서 실천해야 할 의무와 도리를 동시에 강조했습니다.

그리스도인들이 말과 행실이 일치하지 않아 불신자들의 비난을 받는 경우가 많았고 그로 인해 복음 전도에도 어려움을 겪었습니다. 이러한 상황을 직시했던 바울은 성도의 삶이 윤리와 생활규범에 어긋나지 않도록 가르쳤습니다.

그러면 복음에 합당한 그리스도인의 삶은 어떤 모습일까 생각해 봅시다.

첫째, 바른 교훈을 지키는 생활입니다.

바울은 디도에게 교회를 구성하는 여러 부류의 사람들을 바른 교훈으로 가르치라고 말씀하고 있습니다. 바른 교훈은 하나님의 말씀과 사도들의 가르침을 의미합니다.

그리스도인의 인격과 신앙의 덕목들을 강조하며 복음을 통해 양육할 때 그 가르침과 행위가 일치된 삶이 되어야 한다고 말씀합니다. 이것이 얼마나 유익하고 필요한 것인가를 강조합니다. 노인들에게는 절제와 근신과 경건을 권유하고 젊은 사람들에게는 가정에서 옳은 역할을 하도록 가르쳤습니다. 그리스도인으로서 가정과 사회생활에서 하나님의 교훈에 맞는 합당한 삶을 살도록 권하고 있습니다.

둘째, 하나님의 백성으로 선한 생활입니다.

그리스도께서 우리를 위해 죽으신 이유는 우리를 불법에서 구속하시고 깨끗하게 하셔서 하나님의 거룩한 목적대로 이제는 구원 받은 하나님의 자녀로서 선한 일을 위해 살아가게 하기 위한 것입니다.

악은 그 모양이라도 버리라고 말씀하셨습니다. 모든 악과 불의를 버리고 하나님의 은혜로 거듭난 그리스도인이 되어 하나님이 기뻐하시는 선한 일에 열심히 있는 하나님의 백성이 되어야 합니다. 이것이 구원의 은혜를 알고 감사하는 자의 삶입니다.

우리를 불법에서 구속하시고 깨끗하게 하신 목적을 기억하는 그리스도인이 되시기를 바랍니다.

셋째, 날마다 구원의 은혜를 증거합니다.

복음으로 죄에서 자유케 된 구원의 은혜는 어느 특정한 사람에게

만 나타나는 것이 아니라 모든 사람에게 동일하게 나타나야 합니다.

사회적 지위나 성별과 나이에 상관없이 모든 사람이 구원을 받아야 합니다. 우리는 그리스도인으로 올바른 삶을 살 뿐만 아니라 또한 주님이 오시는 날까지 복음을 증거함으로 구원의 은혜를 나타내는 세상의 빛이 되어야 합니다.

바울은 디도에게 그리스도인은 모든 면에서 본을 보여야 한다고 권면했습니다. 특별히 세상 사람들과 다른 인격과 삶으로 덕을 세워야 합니다. 그러므로 우리 모두에게 말과 행위에 허물이 없도록 복음에 합당한 삶을 살아가는 은혜가 있기를 바랍니다.

함께 나누기

1. 오늘 말씀 중에 가장 마음에 남는 말씀은 무엇입니까?

_____

_____

_____

_____

2. 그 말씀이 마음에 남는 이유가 무엇입니까?

_____

_____

_____

_____

3. 오늘의 말씀을 통하여 실천해야 될 사항은 무엇입니까?

_____

_____

_____

_____

한 주간의 기도 제목

나 _____

가정 _____

교회 _____

제 38 과
성령 충만한 삶으로

성경 : 엡 5:18절
찬송 : 191장, 192장

"술취하지 말라 이는 방탕한 것이니 오직 성령으로 충만함을 받으라"(18절)

세상에서 살 때는 우리가 술에 취하고 육체의 정욕과 욕망에 취해서 살았습니다. 그러나 이제 우리는 예수를 믿고 구원 받은 성령의 사람이 되었습니다. 하나님을 아바 아버지라 부르는 하나님의 거룩한 자녀로 인침을 받았습니다. 그럼에도 불구하고 성도로서 그리스도인다운 삶을 살지 못하는 안타까움이 있습니다. 그 이유는 바로 성령의 충만함으로 살지 못하기 때문입니다.

성령으로 거듭난 사람은 마땅히 성령의 충만한 삶으로 나아가야 합니다. 우리가 성령의 충만한 삶을 살아야 하는 이유를 알아야 합니다.

첫째, 육적인 그리스도인이 되지 않기 위해서입니다.

우리가 성령의 충만을 받지 않으면 믿는다 할지라도 세상 사람들처럼 세속적인 욕망 즉 물질욕, 명예욕, 권세욕, 정욕을 따라 살며 자신의 행복과 성공만을 추구하기 때문에 영적 신앙의 삶은 생각과 형식에 그치고 맙니다. 이렇듯 세속적인 그리스도인은 자아가 그 중심에 절대적인 존재이기에 그 마음에 품고 생각하며 추구하는 것이 다 세상적인 욕망과 성공뿐입니다.

그래서 하나님께 대한 신앙도 외식과 형식적이며 또 이웃에 대한 사랑과 섬김도 언제나 자기 감정과 기분에 따라 결정됩니다. 우리 주위에는 이러한 사람들이 많이 있습니다. 성령 충만한 생활을 하지 못할 때 하나님의 영광을 가리고 많은 사람들에게 비난의 대상이 되기도 합니다.

둘째, 영적인 기쁨의 삶을 살지 못하기 때문입니다.

그리스도인들은 성령이 주인이 되어 성령의 감화와 감동을 좇아 거룩한 삶을 사는 하나님 중심의 삶을 살아야 합니다. 이 땅에서 무미건조한 삶이 아니라 하늘에 속한 천국 백성으로서 하나님의 은혜와 능력으로 신령한 기쁨이 넘치는 소망의 삶을 살아야 합니다.

그리스도인들이 누리는 이 기쁨은 세상의 어느 것과도 바꿀 수 없는 신령한 것입니다. 이 기쁨으로 충만케 하시는 성령의 역사와 능력으로 사는 사람이 참된 그리스도인이라 할 수 있습니다.

성령의 열매 중 하나가 기쁨입니다. 성령으로 충만하지 못하면 기쁨의 삶보다는 슬픔과 근심과 우울함으로 살게 됩니다. 이 영적 기쁨의 삶을 살지 못하고 있다면 오늘 우리는 성령의 충만함을 사모하며 구하여야 합니다. 성령께서 나를 다스리는 은혜가 있기를 바랍니다.

셋째, 악한 세상에서 승리하기 위해서입니다.

주님은 이 세상에 오셔서 **"내가 세상을 이기었노라"**고 말씀하셨습니다. 우리가 사는 세상은 여전히 마귀에게 유린 당하며 온갖 죄악과 우상으로 만연하며 거짓되고 부패합니다.

성령 충만을 받아야 세상을 이기고 죄악을 이기고 마귀의 세력을 이기고 승리할 수 있습니다. 성령으로 무장하여 사탄의 악한 궤계를 물리치고 강하고 담대한 성령의 일꾼이 되시기를 바랍니다.

그리스도인의 마음이 둘로 나누이는 삶속에는 성령의 역사도 승리의 삶도 있을 수 없습니다. 오직 성령의 충만한 삶만이 우리를 성도답게 할 것입니다.

오직 성령의 충만함이 지속되는 그리스도인으로 기쁜 소식을 온 세상에 전하는 아름다운 복음의 증인으로서 사명을 다하는 성도가 되시기 바랍니다.

함께 나누기

1. 오늘 말씀 중에 가장 마음에 남는 말씀은 무엇입니까?

_____

_____

_____

_____

2. 그 말씀이 마음에 남는 이유가 무엇입니까?

_____

_____

_____

_____

3. 오늘의 말씀을 통하여 실천해야 될 사항은 무엇입니까?

_____

_____

_____

_____

한 주간의 기도 제목

나 _____

가정 _____

교회 _____

제 39 과
지금은 구원의 마지막 때입니다.

성경 : 고후 6:2절
찬송 : 495장, 523장

"이르시되 내가 은혜 베풀 때에 너에게 듣고 구원의 날에 너를 도왔다 하셨으니 보라 지금은 은혜 받을 만한 때요 보라 지금은 구원의 날이로다."(2절)

우리가 기독교 신앙을 말하면서 안타깝게도 시대의 흐름과 때를 분별하지 못하고 세상과 함께 흘러간다면 우리 앞에 다가올 운명을 어떻게 피할 수 있겠습니까? 우리 주님은 마지막 때에 성도가 깨어 있어야 함을 경고하셨습니다. **"그런즉 깨어 있으라 너희는 그 날과 그 때를 알지 못하느니라"**(마 25:13)

우리가 살아가는 세상에서 가장 지혜로운 사람은 때를 알고 준비하는 사람입니다. 깨어 있어야 분별할 수 있고 준비할 수 있기 때문입니다. 모든 것이 때가 있으니 성도는 세상의 마지막 때가 다가옴을 인식하고 정신을 차리고 근신하여 깨어 있어야 합니다.
지금은 어느 때입니까?

첫째, 지금은 은혜받을 때입니다.

하나님은 우리에게 은혜를 베푸시고 그 은혜를 통해서 구원을 이루어 가십니다. 그 은혜의 때는 가장 필요와 절실한 때를 가르킵니다. 하나님 편에서 보면 인간에게 부여하는 마지막 기회의 때이기도 합니다. 이 은혜 받을 때에 은혜를 받는 것은, 하나님께서 주시는 큰 축복이며 은총입니다. 우리 인간은 한시도 하나님의 은혜가 아니면 살 수 없는 존재입니다.

성도에게 은혜는 곧 구원이요 생명입니다. 그러므로 내일로 미룰 수 없는 것이 은혜 받는 일입니다. 바로 지금이 은혜 받을 때임을 알고 우리 모두 하나님의 은혜를 입는 존귀한 성도가 되시기를 바랍니다.

둘째, 지금은 구원의 때입니다.

이제 주님이 오실 날이 얼마 남지 않았습니다. 그러므로 지금의 시기를 추수 때라고 말씀합니다. 우리 주님도 추수할 것이 많은데 추수할 일꾼이 적다고 말씀하시며 추수할 일꾼을 보내달라고 청하라고 하셨습니다(마 9:37-38).

지금이야 말로 마지막 추수 때와 같습니다. 우리는 하나님이 가장 기뻐하시는 뜻이 무엇인지 알아야 합니다. 이 구원의 때에 나 자신을 돌아보고 하나님이 내게 주신 사명으로 깨어나야 합니다.

한 영혼이라도 구원하기 위해 최선을 다하는 성도가 되시기 바랍니다. 잃어버린 영혼을 찾는 아버지의 심정을 가지고 이 구원의 때를 놓치지 않는 하나님의 신실한 일꾼으로 사시기 바랍니다.

셋째, 지금은 마지막 주신 기회입니다.

우리에게는 때도 있고 기회도 있습니다. 마지막 기회는 돌아오지 않습니다. 어떻게 보면 하나님께서 나에게 주시는 마지막 시간일 수도 있기 때문입니다. 그러므로 나는 구원의 확신과 기쁨을 가지고 살아가고 있는지 내 자신을 확증하며 돌아보아야 합니다. 남은 구원하고 자신은 버림받을 수 있기 때문입니다.

내게 주신 마지막 기회의 때임을 인식하고 정신을 차리고 근신하여 깨어 있어야 합니다. 지금이야말로 하나님께서 베푸시는 구원을 받을 수 있는 절호의 기회요 마지막 시간임을 깨닫고 이 기회를 사는 지혜가 있어야 하겠습니다.

성경은 우리에게 종말의 때가 가까이 왔음을 예고하고 있습니다. 우리가 어떻게 살아야 하고 어떻게 준비해야 하는가를 가르쳐 주고 있습니다. 그럼에도 불구하고 이 마지막 때와 기회를 바로 인식하지 못하고 산다면 우리에겐 희망이 없습니다.

바로 지금입니다. 지금이 은혜의 때요 구원의 때요 마지막 주신 기회입니다. 우리 모두 하나님 앞에 바른 신앙으로 나아가시기를 바랍니다.

함께 나누기

1. 오늘 말씀 중에 가장 마음에 남는 말씀은 무엇입니까?

_____

_____

_____

_____

2. 그 말씀이 마음에 남는 이유가 무엇입니까?

_____

_____

_____

_____

3. 오늘의 말씀을 통하여 실천해야 될 사항은 무엇입니까?

_____

_____

_____

_____

한 주간의 기도 제목

나 _____

가정 _____

교회 _____

제 40 과
주야로 묵상하라

성경 : 수 1:8절
찬송 : 200장, 199장

"이 율법책을 네 입에서 떠나지 말게 하며 주야로 그것을 묵상하여 그 안에 기록된 대로 다 지켜 행하라 그리하면 네 길이 평탄하게 될 것이며 네가 형통하리라"(8)

여호수아는 모세가 죽은 후 이스라엘 백성을 이끌고 가나안 땅을 정복해야 하는 문제에 직면해 있었습니다. 가나안 족속들은 매우 강한 군사력을 소유하고 있었기 때문에 이스라엘이 쉽게 물리칠 수 있는 상대가 아니었습니다. 이렇게 강력한 민족들을 상대로 전쟁을 해야 했던 여호수아의 심정은 두려움과 염려로 가득했을 것입니다.

그러한 여호수아가 가나안을 정복하고 성공적인 지도자로 우뚝 설 수 있었던 비결은 바로 '주야로 묵상'입니다. 이러한 놀라운 영적 성공의 비밀을 오늘날 모든 성도들이 깨닫고 실천하면 동일한 역사기 일어날 것입니다.

첫째, 여호수아가 승리하기 위해 순종해야 할 일

하나님은 가나안 7족속과 싸워 이길 수 있도록 여호수아에게 전쟁 무기나 원정군, 천군천사 같은 눈에 보이는 무기를 보내 주시지 않고 오직 하나님의 말씀, 율법책을 여호수아의 입에서 떠나지 말게 하고 그것을 주야로 묵상하라고 하셨습니다. 이것이 여호수아와 이스라엘 군대가 승리할 수 있는 가장 강력한 무기였습니다. 왜 말씀이 가장 강력한 무기였을까요? 말씀은 곧 하나님이십니다.

그러므로 말씀과 동행하는 것은 곧 하나님과 동행하는 것이며 하나님이 함께 하시면 그 어떤 강력한 대적도 모두 이길 수 있습니다. 우리 역시 어떤 어려움에 직면하게 되면 그 문제를 해결할 사람이나 방법을 찾습니다. 그러나 하나님은 우리가 다른 것을 찾기 전에 먼저 하나님의 말씀을 묵상하기 원하십니다. 그것도 주야로 묵상하기를 원하십니다.

주야로 묵상하는 것은 곧 주야로 하나님과 함께 동행하는 것이며 그 결과 하나님이 그 모든 문제를 책임져 주십니다.

묵상의 히브리어 '하가'는 새가 '울다', 사자가 '으르렁 거리다', '말하다'는 뜻을 가지고 있습니다. 그러므로 '하가'는 머릿속으로 하는 것이 아니라 입술과 마음이 동시에 하나님의 능력을 고백하고 선포합니다. 그런데 이렇게 주야로 말씀을 '하가' 하기 위해서는 먼저 암송을 해야만 가능합니다. 그래서 '하가'는 암송된 말씀을 계속 선포하면서 하나님과 동행하는 삶을 의미합니다.

둘째, 말씀을 주야로 묵상하는 자에 약속하신 복

"네 평생에 너를 능히 대적할 자가 없으리니 내가 모세와 함께 있었던 것 같이 너와 함께 있을 것임이니라 내가 너를 떠나지 아니하며 버리지 아니하리니"(수 1:5)

이렇게 주야로 '하가'(성경 암송)를 하는 자에게 하나님은 영적, 정서적 복을 허락하십니다.

1) 영적인 복입니다.
하나님은 여호수아에게 '네 평생에 너를 능히 대적할 자가 없으리라'고 약속하셨습니다. 이것은 우리가 영적으로 사단과의 전쟁에서 승리하게 된다는 의미입니다. 주야로 말씀이신 하나님과 함께 하면 사단이 우리를 유혹할 때 반드시 승리하게 될 것입니다.

존경받는 기독교 지도자 1위로 뽑힌 존 파이퍼 목사님은 그의 책 「말씀으로 승리하라」에서 성경 암송의 유익을 다음과 같이 설명합니다.

"내가 성경 암송에 이렇게 많은 시간을 쏟는 이유는, 내주하는 하나님의 말씀에는 수많은 문제들이 생기기도 전에 그것을 해결하며, 수많은 상처가 생기기도 전에 그것을 치료하며, 유혹의 순간에 수많은 죄를 죽이기 때문이다."

영성 훈련 전문가 달라스 윌라드는 가장 좋은 영적 훈련의 방법은 바로 성경 암송이라고 말합니다.

"성경 암송은 영적 성장의 절대적 기초다. 영적 삶의 모든 훈련들 가운데 한 가지를 선택해야 한다면 성경 암송을 선택할 것이다. 왜냐하면 성경 암송은 우리의 마음이 필요로 하는 것을 채워 주는 기본적인 방법이기 때문이다."

2) 정서의 회복입니다.

말씀을 주야로 묵상하면 두려움, 공포, 걱정, 염려에서 벗어납니다. 하나님은 여호수아에게 '내가 너와 함께 있을 것임이라, 너를 떠나지 아니하며 버리지 아니하리니'라고 하셨습니다. 이러한 음성을 들은 여호수아의 마음은 말할 수 없는 위로와 힘을 얻었습니다. 하나님 말씀은 우리의 마음에 큰 평강이 임하는 통로입니다.

주야로 말씀을 묵상하는 삶을 통해 여호수아와 같이 평생 승리하는 우리 모두가 되기를 바랍니다.

함께 나누기

1. 오늘 말씀 중에 가장 마음에 남는 말씀은 무엇입니까?

_____

_____

_____

_____

2. 그 말씀이 마음에 남는 이유가 무엇입니까?

_____

_____

_____

_____

3. 오늘의 말씀을 통하여 실천해야 될 사항은 무엇입니까?

_____

_____

_____

_____

한 주간의 기도 제목

나 _____

가정 _____

교회 _____

10월

제자의 삶을 사는 신앙생활

이 말씀은 곧 하나님이시니라
성령이 임하실 때
영접하는 자가 받는 축복
참 제자와 거짓 제자

제 41 과
이 말씀은 곧 하나님이시니라

성경 : 요 1:1절
찬송 : 202장, 204장

"태초에 말씀이 계시니라 이 말씀이 하나님과 함께 계셨으니 이 말씀은 곧 하나님이시니라."(1절)

종교개혁의 첫 번째 모토는 바로 '오직 말씀'입니다. 왜 개혁가들은 '오직 예수', '오직 은혜', '오직 믿음'이 아닌 '오직 말씀' 을 종교개혁의 **첫 번째 모토**로 선언했을까요? 그것은 하나님은 곧 말씀이시기 때문입니다. 말씀을 통해서만 예수님도 만나고 은혜도 누리고 믿음도 생기기 때문입니다. 말씀은 곧 삼위일체 하나님이시라는 진리를 성경은 여러 곳에서 증언하고 있습니다.

첫째, 말씀은 곧 하나님이십니다(요 1:1).

만일 제가 여러분에게 '하나님은 어디 계십니까?' 하고 물어 보면 대부분의 성도님들은 '하나님은 하늘에 계십니다', 또는 '하나님은 내 마음에 계십니다' 하고 대답을 할 것입니다. 그러나 이 질문에 대한 가장 성경적인 대답은 하나님은 말씀 안에 계신다는 것입니다. 하나님은 태초부터 지금까지 말씀으로만 존재하십니다.

하나님은 영이시기 때문에 그 분의 존재를 계시할 수 있는 방법은 오직 말씀밖에 없습니다. 그래서 하나님은 천지를 창조하실 때도 말씀으로 창조하셨고 이스라엘 백성에게 자신을 계시하실 때에도 율법의 말씀을 통해 계시하셨습니다. 이와 같이 하나님의 존재 방식은 항상 말씀이셨고 지금도 변함이 없습니다. 그러므로 우리가 말씀을 가까이 하면 곧 하나님을 가까이 하는 것입니다.

둘째, 말씀은 곧 예수님이십니다.

"말씀이 육신이 되어 우리 가운데 거하시매 우리가 그의 영광을 보니 아버지의 독생자의 영광이요 은혜와 진리가 충만하더라."(요 1:14)

말씀이신 하나님은 육신을 입고 예수 그리스도 안에 나타나셨습니다. 예수 그리스도는 살아 움직이는 말씀이시며 눈에 보이는 말씀이셨습니다. 예수님의 생각, 예수님의 행동, 예수님의 판단은 철저히 말씀에 근거한 것이었습니다.

예수님은 말씀대로 십자가에서 죽으셨고, 말씀대로 사흘 만에 십자가에서 부활하셨으며 말씀대로 다시 재림하실 것입니다. 따라서 우리가 말씀을 가까이 하면 곧 예수님과 가까이 하는 것이며 임마누엘의 능력을 경험하게 됩니다.

셋째, 말씀은 곧 성령님이십니다.

"살리는 것은 영이니 육은 무익하니라 내가 너희에게 이른 말은 영이요 생명이라."(요 6:63)

예수님은 그 분의 말씀이 곧 '영'이요 '생명'이라고 선언하셨습니다. 여기서 '영'이란 헬라어로 '프뉴마'로서 성령을 의미합니다. 모든 성경은 하나님의 감동으로 기록된 책입니다.(딤후 3:16) 여기서 '하나님의 감동으로 된 것'이란 헬라어로 '데오프뉴스토스'로서 하나님(데오스)과 숨쉬다(프네오)의 합성어입니다. 즉 성경은 사람의 생각으로 쓴 책이 아니라 하나님의 영이신 성령이 성경에 숨을 불어 넣으셔서 기록된 영적인 책입니다.

감리교 창시자 존 웨슬리 목사는 "하나님의 성경은 성경의 기자들을 감동시켰을 뿐만 아니라 간절한 마음의 기도로 성경을 읽는 사람들을 계속 감동시켰으며, 초자연적으로 말씀의 이해를 도와준다. 그러므로 성경은 교리의 학습에 유익하며, 무식한 자에게 훈계가 되고, 오류와 죄에 빠진 자들에게 견책과 확신의 말씀이 된다"고 말했습니다.

따라서 우리가 말씀을 주야로 읽고 묵상하고 암송하면 성령님과 지속적으로 동행하는 은혜를 누리게 됩니다. 말씀을 지금보다 더 가까이 하십시오. 말씀을 늘 읽고 암송하십시오. 그러면 놀라운 하나님의 임재 가운데 거하게 될 것입니다.

함께 나누기

1. 오늘 말씀 중에 가장 마음에 남는 말씀은 무엇입니까?

_____

_____

_____

_____

2. 그 말씀이 마음에 남는 이유가 무엇입니까?

_____

_____

_____

_____

3. 오늘의 말씀을 통하여 실천해야 될 사항은 무엇입니까?

_____

_____

_____

_____

한 주간의 기도 제목

나 _____

가정 _____

교회 _____

제 42 과
성령이 임하실 때

성경 : 행 1:12-14절
찬송 : 196장, 197장

"여자들과 예수의 어머니 마리아와 예수의 아우들과 더불어 마음을 같이하여 오로지 기도에 힘쓰더라."(행 1:14).

사도행전은 성령행전이라고 불립니다. 성령께서 사도들을 통해 역사하신 이야기이기 때문입니다. 사도행전에서 성령이 임하시는 때는 기도할 때였습니다. 사도행전에서 기도가 얼마나 큰 역할을 하는지 함께 살펴보고 우리의 삶에 적용합시다.

첫째, 성령은 성도들이 기도할 때 임하였습니다.

예수님은 제자들에게 예루살렘을 떠나지 말고 아버지께서 약속하신 성령을 기다리고 말씀하셨습니다. 그러면 몇 날이 못 되어 약속하신 성령이 오시리라고 하셨습니다.(행 1:4-5)

그리고 성령은 정말 예수님이 승천하신 지 열흘 째 되는 오순절에 강림하셨습니다. 성령은 성도들이 오로지 기도에 힘쓸 때 임하였습니다. '힘쓰다'의 헬라어 '프로스카르테레오'는 '굳게 계속하다', '고집스럽게 하다'는 뜻으로서 120명의 성도들이 주께서 약속하신 성령이 강림하실 때까지 계속하여 기도했다는 사실을 말해주고 있습니다.

이렇게 성령은 기도에 힘쓰는 사람에게 나타나시고 역사하신다는 사실을 성경은 우리에게 알려줍니다.

둘째, 베드로와 요한이 나면서부터 걷지 못하는 자를 일으킬 때는 기도하러 갈 때였습니다.

"제 구 시 기도 시간에 베드로와 요한이 성전에 올라갈 새"(행 3:1)

베드로와 요한이 나면서 못 걷게 된 사람을 일으켜 걷게 한 시간은 유대 시간으로 제 구시이고 우리 시간으로 오후 3시에 해당합니다. 오후 3시도 유대인들이 정기적으로 기도하는 시간 중의 하나입니다.

본문에서 '올라갈 새'는 미완료형 시제로써 늘 그 시간에 기도하러 올라갔음을 나타내는 표현입니다. 이처럼 사도들이 실천했던 정시 기도는 성령의 위대한 능력이 나타나는 통로였습니다. 이 기도 시간에 걷지 못하는 자가 베드로를 통해 걷게 되었고 이 사건을 통해 베드로의 설교를 듣게 된 사람 중 믿게 된 사람은 오천 명이나 되었습니다. 하루 세 번의 정시 기도는 초대교회의 전통이었고 동시에 성령께서 일하시는 시간이었습니다.

한국 교회는 새벽 기도, 수요 기도, 금요 기도 등 다른 나라에 없는 특별한 기도 전통을 가지고 있습니다. 이러한 기도가 한국을 이끌어 왔고 기적의 통로로 쓰임 받게 된 비결이었습니다. 우리가 계속하여 기도 운동에 참여함으로서 하나님께서 한국교회에 허락하신 복을 유지해 나가기를 바랍니다.

함께 나누기

1. 오늘 말씀 중에 가장 마음에 남는 말씀은 무엇입니까?

_____

_____

_____

_____

2. 그 말씀이 마음에 남는 이유가 무엇입니까?

_____

_____

_____

_____

3. 오늘의 말씀을 통하여 실천해야 될 사항은 무엇입니까?

_____

_____

_____

_____

한 주간의 기도 제목

나 _____

가정 _____

교회 _____

제 43 과
영접하는 자의 축복

성경 : 요 1:12절
찬송 : 270장, 288장

"영접하는 자 곧 그 이름을 믿는 자들에게는 하나님의 자녀가 되는 권세를 주셨으니"(요 1:12)

예수님을 영접한다는 것은 그 분을 나의 마음속에 적극적으로 맞아들여서 계속하여 내 마음속에 머물도록 나의 자리를 내어 주는 것입니다. 주님을 잠시 왔다가 돌아가는 손님으로 맞아들이는 것이 아니라 내 인생의 주인이요, 통치자로 맞이하고 계속하여 예수님의 뜻에 따르는 것입니다.

이렇게 내 인생의 주인을 나 자신에서 예수 그리스도로 바꾸는 것을 '회개'라고 합니다. 이렇게 예수님을 영접하면 우리에게 어떤 복이 임하게 될까요?

첫째, 죄인에서 의인으로 인정받습니다.

"그리스도 예수 안에 있는 속량으로 말미암아 하나님의 은혜로 값없이 의롭다 하심을 얻은 자 되었느니라"(롬 3:23)

우리가 예수 그리스도를 영접하면 우리는 법적으로 죄인에서 의인으로 인정을 받습니다. 이것을 '칭의'라고 합니다. 칭의란 의인이 될 자격이 전혀 없음에도 불구하고 의롭다고 인정을 받는 것입니다. 우리가 죽어야 할 자리에 예수님께서 대신 죽으심으로 우리의 죄 값을 대속해 주신 속량의 은총으로 말미암아 우리는 법적으로 죄인의 신분을 벗어나게 되었습니다.

둘째, 하나님 자녀의 신분과 권세를 받습니다.

예전에 우리는 마귀의 자녀로서 마귀의 말을 듣고 살다가 영적, 정서적, 육신적 저주 가운데서 영원히 지옥에 갈 존재였습니다. 그 때 우리는 하나님과 원수 관계 속에서 살았습니다.

그러나 예수님을 영접하고 예수님을 주인으로 모시면 우리와 하나님은 아버지와 자녀의 관계로 바뀝니다. 그 결과 아버지이신 하나님께로부터 자녀들에게 물려줄 기업을 상속으로 받습니다. 그것은 바로 천국에서 주님의 보좌에 함께 앉게 되고(계 3:21), 만국을 다스리는 권세를 받습니다.(계 2:26)

"이기는 그에게는 내가 내 보좌에 함께 앉게 하여 주기를 내가 이기고 아버지 보좌에 함께 앉은 것과 같이 하리라."(계 3:21)

"이기는 자와 끝까지 내 일을 지키는 그에게 만국을 다스리는 권세를 주리니"(계 2:26)

예수 그리스도를 주인으로 영접함으로써 칭의의 복과 주님의 보좌에 함께 앉고 만국을 다스리는 복도 누리는 여러분 되시기를 바랍니다.

함께 나누기

1. 오늘 말씀 중에 가장 마음에 남는 말씀은 무엇입니까?

_____

_____

_____

_____

2. 그 말씀이 마음에 남는 이유가 무엇입니까?

_____

_____

_____

_____

3. 오늘의 말씀을 통하여 실천해야 될 사항은 무엇입니까?

_____

_____

_____

_____

한 주간의 기도 제목

나 _____

가정 _____

교회 _____

제 44 과
참 제자와 거짓제자

성경 : 요 6:53-57절
찬송 : 545장, 461장

"예수께서 이르시되 내가 진실로 진실로 너희에게 이르노니 인자의 살을 먹지 아니하고 인자의 피를 마시지 아니하면 너희 속에 생명이 없느니라"(요 6:53)

'살과 피'는 히브리 숙어로서 "전인"(the whole man)을 뜻합니다. 주님의 살과 피를 먹고 마신다는 것은 예수님의 가르침과 삶을 부분적으로 받아들이는 것이 아니라 전인격적으로 받아들인다는 뜻입니다. '인자의 살과 피'에 대한 태도는 참 제자와 거짓 제자를 구분 짓는 기준이 됩니다. 이 말씀을 통해 나는 지금 참 제자의 길을 가고 있는지 돌아보는 시간이 되기를 바랍니다.

첫째, 거짓 제자는 인자의 살과 피를 거부합니다.

"제자 중 여럿이 듣고 말하되 이 말씀은 어렵도다 누가 들을 수 있느냐 한대"(요 6:60)

"그 때부터 그의 제자 중에서 많은 사람이 떠나가고 다시 그와 함께 다니지 아니하더라"(요 6:66)

여기에 등장하는 '제자'들은 12제자와는 다른 예수님의 추종자들입니다. 그들도 처음에는 12제자들과 같이 집을 떠나 예수님을 따랐습니다. 그러나 '인자의 살과 피'에 대한 교훈은 받아들이기 어려웠습니다. '어렵도다'는 말은 헬라어로 '스켈데로스' 로서 '거칠다'는 뜻입니다. 그들은 단지 축복의 말, 위로의 말과 같은 부드러운 말만 듣고자 했습니다. 이 거친 말을 듣고는 자칭 제자라고 여겼던 사람들은 예수님을 떠나가고 다시 주님과 함께 있지 않았습니다.

그들은 스스로 예수의 제자라고 여기고 예수의 하나님 나라 운동에 참여했으나 진실로 예수님이 의도하시는 목적 안에 있지는 않았습니다. 이 단계에서 참 제자와 거짓 제자가 분명하게 구별됩니다. 우리는 우리가 참 제자의 길을 걷고 있는지 시험해 보아야 합니다. 나는 지금 주님이 의도하신 제자의 길을 걷고 있습니까?

둘째, 참 제자는 영생의 말씀을 따르는 자입니다.

"시몬 베드로가 대답하되 주여 영생의 말씀이 주께 있사오니 우리가 누구에게로 가오리이까"(요 6:68)

다른 제자들이 다 주님을 떠날 때 주님은 12제자에게 "너희도 나를 떠나려느냐"고 물으셨습니다. 그 때 베드로가 명언을 남겼습니다. **"주여, 영생의 말씀이 주께 있사오니 우리가 누구에게로 가오리이까"** 여기서 참 제자가 추구해야 할 것은 바로 **"영생의 말씀"**이라는 진리입니다. 즉, 참 제자는 육신의 문제, 경제적 문제, 정치적 문제 때문에 주님을 따르는 자가 아니라 '주님의 살과 피' 라는 거친 말씀도 받아들이는 자입니다.

예수님의 말씀은 우리에게 영생을 주십니다. 주님은 우리가 이 땅에서 썩어 없어질 것을 위해 사는 사람이 아니라 주님의 살과 피를 통해 주어지는 영생을 위해 쓰임 받는 사람이 되라고 우리를 부르셨습니다. 우리도 베드로처럼 다른 목적이 아닌 바로 영생을 주시는 말씀 때문에 주님을 따르겠다고 고백하시기를 바랍니다.

함께 나누기

1. 오늘 말씀 중에 가장 마음에 남는 말씀은 무엇입니까?

_____

_____

_____

_____

2. 그 말씀이 마음에 남는 이유가 무엇입니까?

_____

_____

_____

_____

3. 오늘의 말씀을 통하여 실천해야 될 사항은 무엇입니까?

_____

_____

_____

_____

한 주간의 기도 제목

나 _____

가정 _____

교회 _____

11월

천국에 합당한 신앙생활

천국과 지옥

성경 : 눅 16:19-31절
찬송 : 246장, 242장

"한 부자가 있어 자색 옷과 고운 베옷을 입고 날마다 호화롭게 즐기더라"(19절) "그런데 나사로라 이름하는 한 거지가 헌데 투성이로 그의 대문 앞에 버려진 채"(20절)

성경은 사람이 죽은 후에는 심판이 있다고 말씀합니다.(히 9:17) 누가 천국에 가고 누가 지옥에 가는 것일까요? 부자와 나사로의 이야기를 통해 자세히 살펴보겠습니다.

첫째, 부자가 음부에 들어간 이유는 무엇입니까?

이 부자가 음부에 들어간 이유는 자신은 날마다 호화롭게 즐기는 생활을 하면서도 문 밖에서 버려져 있는 거지에 대해서는 전혀 긍휼함이 없었기 때문입니다. 이것은 그가 물질만 사랑하는 맘몬우상 숭배자였으며 하나님과 이웃에 대해서는 전혀 관심이 없는 죄인이었음을 의미합니다. 부자가 입었던 자색 옷과 고운 베옷은 그의 세상적 지위가 매우 높은 것을 암시합니다.

세상에서 부귀영화를 누리고 아무리 높은 지위를 가진 자라도 죽은 후에는 반드시 지옥의 심판이 기다리고 있습니다. 이 부자는 유대 종교 지도자들인 바리새인들을 상징합니다. 주님이 천국과 지옥 설교를 하시기 직전에 바리새인들을 향해 **"너희는 하나님과 재물을 겸하여 섬길 수 없느니라"**고 경고하셨을 때 바리새인들은 돈을 좋아

하는 자들이어서 이 모든 말씀을 비웃었습니다.(눅 16:13-14) 바리새인은 자칭 종교 지도자요 성경학자들이었으며 하나님의 백성이라고 자신했던 자들이었으나 실제로는 돈만 사랑하고 가난한 자는 업신여겼던 자들로서 지옥에 갈 자들이었습니다.

예수님은 하나님 사랑과 이웃 사랑에는 관심이 없고 형식적인 종교생활로 자신들의 명예만 추구했던 바리새인들에게 **"뱀들아 독사의 새끼들아 너희가 어떻게 지옥의 판결을 피하겠느냐"**(마 23:33)라고 하시며 그들이 갈 곳이 오직 지옥뿐임을 선언하셨습니다.

둘째, 누가 천국에 들어갑니까?

"이르되 그렇지 아니하니이다 아버지 아브라함이여 만일 죽은 자에게서 그들에게 가는 자가 있으면 회개하리이다."(30절)

부자는 자신이 회개할 기회를 놓친 것을 지옥에 가서야 후회했습니다. 참으로 천국은 회개한 사람만 갈 수 있는 곳입니다. 회개(메타노에오)란 '마음을 바꾸다'는 뜻으로 생각과 행동을 바꾸는 것입니다. 즉, 자신의 죄를 깨닫고 이전에 지었던 죄를 더 이상 반복하지 않는 것입니다. 회개와 후회는 다릅니다. 후회는 자신의 잘못을 깨닫기만 하고 마음을 바꾸지 않는 것입니다. 여전히 과거의 잘못을 답습하는 것입니다. 후회만 한 사람은 결코 천국에 들어 갈 수 없습니다.

사울왕과 다윗왕의 차이는 회개와 후회의 차이입니다. 사울왕은 불순종의 죄를 저지르고 후회는 했지만 결코 마음을 바꾸지는 않았습니다. 그는 계속 교만했으며 계속 하나님의 뜻을 거역했습니다. 다윗은 간음과 살인죄를 저질렀으나 회개하고 다시는 그러한 죄를 반복하지 않았습니다. 베드로와 가룟 유다의 차이도 회개와 후회의 차이입니다.

세례 요한과 예수님의 첫 번째 설교도 **"회개하라 천국이 가까이 왔느니라"**(마 3:2, 4:17)였고 베드로의 오순절 설교의 핵심 메시지도 **"회개하라"**(행 2:38)였으며 계시록 7교회 가운데 타락한 교회들을 향한 주님의 경고 역시 **"회개하라"**(계 2:5,16,22)였습니다. 참된 회개를 통해 마음과 행위를 주님께 돌이키는 사람이 되어 영생의 복을 누리는 여러분 모두가 되시기를 바랍니다.

함께 나누기

1. 오늘 말씀 중에 가장 마음에 남는 말씀은 무엇입니까?

_____

_____

_____

_____

2. 그 말씀이 마음에 남는 이유가 무엇입니까?

_____

_____

_____

_____

3. 오늘의 말씀을 통하여 실천해야 될 사항은 무엇입니까?

_____

_____

_____

_____

한 주간의 기도 제목

나 _____

가정 _____

교회 _____

제 46 과
말의 힘

성경 : 민 14:28절
찬송 : 436장, 425장

"그들에게 이르기를 여호와의 말씀에 내 삶을 두고 맹세하노라 너희 말이 내 귀에 들린 대로 내가 너희에게 행하리니"(민 14:28)

우리가 내뱉는 말에는 엄청난 힘이 있습니다. 하나님도 우리의 말에 따라 우리의 인생을 이끌어 가십니다. 가나안을 정탐했던 이스라엘의 12정탐꾼의 말은 그들의 인생을 완전히 두 갈래로 나누었습니다. 이 이야기를 통해 나는 어떤 말을 하며 살아야 할지 결정하기를 바랍니다.

첫째, 10명의 정탐꾼이 한 불신의 말과 그 결과

가나안을 정탐했던 12명 가운데 여호수아와 갈렙을 제외한 10명은 가나안 땅에 대하여 세 가지 부정적인 보고를 하였습니다. 그리고 그 부정적인 말은 그들에게 엄청난 불행을 가져왔습니다.

1) **"우리는 능히 올라가서 그들을 치지 못하리라 그들은 우리보다 강하니라"**(31절)였습니다. 그들이 보았던 가나안 땅의 성읍은 견고하고 컸기 때문에 난공불락처럼 보였습니다.

2) **"우리가 두루 다니며 정탐한 땅은 그 거주민을 삼키는 땅"**(32절)이라는 것이었습니다. 이것은 가나안 땅의 위치가 남쪽의 애굽, 북쪽의 앗수르, 동쪽의 바벨론과 같은 강력한 나라들에 둘러싸여 있

어 늘 전쟁의 위험이 도사리는 지정학적 위치에 있다는 사실을 정확히 지적한 것입니다. 그러나 하나님이 보호하는 한 그러한 지리적 위험도 아무런 문제가 될 수 없다는 사실을 그들은 신뢰하지 못했습니다.

3) **"우리는 메뚜기와 같다"**(33절)라는 것이었습니다. 그들이 거기서 본 거인 족속인 아낙 자손은 너무나 크고 힘이 센 사람이었기 때문에 자신들은 마치 메뚜기처럼 여겨졌습니다. 그래서 결론은 '싸우면 우리가 진다' 는 것이었습니다.

둘째, 여호수아와 갈렙이 한 믿음의 말과 그 결과

여호수아와 갈렙은 믿음의 말을 하였고 그 결과는 매우 복된 것이었습니다.

1) **"우리가 두루 다니며 정탐한 땅은 심히 아름다운 땅"**이라는 것입니다. 부정적인 보고를 한 10명의 정탐꾼은 지정학적 관점에서 가나안을 보았기 때문에 그 곳을 매우 위험한 곳으로 보았지만 여호수아와 갈렙은 하나님의 관점에서 보았기 때문에 장차 이스라엘 백성에게 풍요를 안겨줄 하나님의 축복된 기업으로 보았습니다.

2) **"하나님이 우리를 기뻐하시면 그 땅을 우리에게 주시리라"**(8절)고 하였습니다. 비록 그 땅에는 거인 민족들이 버티고 있었고 성읍도 견고했지만 하나님이 도와주시면 반드시 그들과 싸워서 승리할 것이라고 믿음의 선포를 하였습니다.

3) **"그들을 두려워하지 말라 그들은 우리의 먹이라 여호와는 우리와 함께 하시느니라"**(9절)는 것입니다. 군사적으로는 이스라엘이 가

나안을 상대할 능력이 없었지만 여호수아와 갈렙은 전능하신 하나님이 이스라엘과 함께 계심을 확고히 믿었고 그 결과 "그들은 우리의 먹이라"는 담대한 말을 할 수 있었습니다.

10명의 정탐꾼의 말을 듣고 모세와 아론을 원망한 백성들을 향해 하나님이 하신 말씀은 **"너희 말이 내 귀에 들린 대로 내가 너희에게 행하리라"(28절)**는 것이었습니다. 이 말대로 이십 세 이상으로서 하나님을 원망하고 멸시한 사람들은 가나안 땅에 들어가지 못하고 광야에서 재앙으로 죽었습니다.

이와 같이 하나님은 우리가 불평하고 원망할 때 그 말대로 행하시는 분입니다. 그러므로 우리의 말을 늘 듣고 계시고 그 말대로 행하시는 하나님을 경외하며 항상 하나님이 기뻐하시는 믿음의 말만 하시기를 주님의 이름으로 축복합니다.

함께 나누기

1. 오늘 말씀 중에 가장 마음에 남는 말씀은 무엇입니까?

_____

_____

_____

_____

2. 그 말씀이 마음에 남는 이유가 무엇입니까?

_____

_____

_____

_____

3. 오늘의 말씀을 통하여 실천해야 될 사항은 무엇입니까?

_____

_____

_____

_____

한 주간의 기도 제목

나 _____

가정 _____

교회 _____

제 47 과
본보기 법칙

성경 : 고전 10:6-8절
찬송 : 461장, 463장

　"이러한 일은 우리의 본보기가 되어 우리로 하여금 그들이 악을 즐겨 한 것 같이 즐겨 하는 자가 되지 않게 하려 함이니 그들 가운데 어떤 사람들과 같이 너희는 우상 숭배하는 자가 되지 말라 기록된 바 백성이 앉아서 먹고 마시며 일어나서 뛰논다 함과 같으니라 그들 중의 어떤 사람들이 음행하다가 하루에 이만 삼천 명이 죽었나니 우리는 그들과 같이 음행하지 말자"(고전 10:6-8)

　본보기란 헬라어로 '튀포스'라고 하는데 그 뜻은 '도장', '원본'입니다. 마치 도장을 찍으면 똑같은 글씨가 찍히듯이 구약의 모든 사건과 그 결과는 신약에서도 똑같은 결과를 나타내는 본보기라는 것입니다. 즉, 구약은 신약교회의 본보기와 같고 신약교회는 현대교회의 본보기와 같습니다.

　바울은 고린도 교회의 죄악들에 대해 구약에서 발생한 이스라엘 백성의 사례들을 제시함으로써 고린도 교회가 죄를 범하지 않도록 깨우치고 있습니다. 따라서 성경의 모든 기록은 그것이 기록된 시대의 사람들을 위해 쓰여진 것이 아니라 바로 말세의 성도들을 깨우치기 위해 쓰여진 것입니다.

　첫째, 구약의 우상 숭배 사건은 신약교회의 본보기입니다.

　"그들 가운데 어떤 사람들과 같이 너희는 우상 숭배하는 자가 되

지 말라 기록된 바 백성이 앉아서 먹고 마시며 일어나서 뛰논다 함과 같으니라."(고전 10:7)

'우상 숭배하는 자가 되지 말라'는 말은 '우상 숭배하기를 멈추라'는 뜻으로 바울은 고린도 교회 성도들의 일부가 이미 우상숭배를 하고 있음을 지적하고 있습니다.

고린도 교회의 일부 성도는 이스라엘 백성이 광야에서 금송아지를 숭배한 것 같이 고린도 지역의 우상 신전에서 열리는 축제에 참여하였습니다. 이 축제에서 사람들은 먹고 마시고 뛰놀았는데 그것은 마치 금송아지를 여호와라고 부르며 뛰놀았던 이스라엘 백성을 연상케 하는 행동이었습니다.(출 32:4)

금송아지를 숭배했던 이스라엘 백성에게 어떤 결과가 있었습니까?

모세는 이 우상 숭배자들을 형제든지, 이웃이든지, 친구든지 가리지 말고 칼로 죽이라고 명했습니다. 그 결과 삼천 명이 레위인에 의해 죽임을 당했습니다.(출 32:28) 이러한 구약의 이야기는 신약교회의 본보기입니다. 즉, 신약교회도 우상을 숭배하면 하나님의 칼에 의해 죽는 결과를 맞게 되고 하나님의 책에서 지워버림을 당하게 됩니다.(출 32:33)

말세를 맞이한 오늘날, 우리에게도 이 법칙은 동일하게 적용됩니다. 그러므로 모든 우상을 버리고 오직 하나님만 경외하기를 바랍니다.

둘째, 구약의 음행 사건은 신약교회의 본보기입니다.

"그들 중의 어떤 사람들이 음행하다가 하루에 이만 삼천 명이 죽었나니 우리는 그들과 같이 음행하지 말자"(고전 10:8)

고린도 교회에는 간음의 문제도 심각했습니다. 고린도 지역에는 12개의 신전이 있었는데 그 중에 아프로디테 신전에만 여사제(신전 창기)가 천 명이 있었습니다. 그래서 '고린도 사람'이란 말은 '성적으로 타락한 사람'과 동일하게 여길 정도로 매춘과 음행이 일반적이었습니다.

이러한 음행의 결과는 무엇일까요? 바울은 구약의 역사를 본보기로 제시했습니다. 이스라엘이 모압을 지날 때 모압 여인들의 유혹을 받아 바알브올 우상에게 절하고 모압 여인들과 음행을 하였습니다.(민 25:1) 그 결과 백성의 지도자들은 목매여 달아서 죽임을 당했고(민 25:4), 2만 3천 명은 전염병으로 죽임을 당했습니다.(민 25:9)

이러한 구약의 기록은 신약교회의 거울이 되어 동일한 형벌이 음행하는 자에게 나타난다고 바울을 경고하고 있습니다. 말세를 사는 현대 교회에게도 이러한 본보기 법칙은 동일하게 적용됩니다. 하나님이 기뻐하지 않는 음행은 철저히 거부해야 합니다.

성경은 말세를 만난 우리에게 영적인 거울이며 본보기입니다. 따라서 항상 성경 말씀을 따라 경건하고 구별된 삶을 사는 우리 모두가 되기를 바랍니다.

함께 나누기

1. 오늘 말씀 중에 가장 마음에 남는 말씀은 무엇입니까?

_____

_____

_____

_____

2. 그 말씀이 마음에 남는 이유가 무엇입니까?

_____

_____

_____

_____

3. 오늘의 말씀을 통하여 실천해야 될 사항은 무엇입니까?

_____

_____

_____

_____

한 주간의 기도 제목

나 _____

가정 _____

교회 _____

제 48 과
주를 시험하지 말라

성경 : 고전 10:9절
찬송 : 446장, 452장

"그들 가운데 어떤 사람들이 주를 시험하다가 뱀에게 멸망하였나니 우리는 그들과 같이 시험하지 말자"(고전 10:9)

하나님을 시험한다는 말은 하나님의 능력, 관용, 지혜를 테스트한다는 뜻입니다. 우리는 신앙생활 도중 뜻하지 않게 발생하는 어려움과 환난을 만날 때가 있습니다. 이 때 하나님을 원망하거나 환경을 불평한다면 그것은 바로 하나님의 능력과 선하심을 불신하는 불경스런 행위이며 하나님을 시험하는 행위입니다. 바울은 고린도 교회 성도들에게 민수기 21장 4-9절에 등장하는 불뱀 사건을 통해 하나님을 시험하는 자들에게 어떤 일이 일어났는지 교훈하고 있습니다.

첫째, 원망은 곧 하나님을 시험하는 것입니다.

'원망'은 곧 하나님을 시험하는 불경스런 행위입니다. 이스라엘 백성들이 하나님을 원망한 이유는 무엇이었을까요?
이스라엘은 에돔의 방해로 평탄한 '왕의 대로'를 통과하지 못하고 거친 아라바 광야길을 우회해야 했습니다. 38년이나 광야길을 방황했던 그들이 지름길을 두고 또다시 고역스런 광야 길로 들어가자 더 이상 참지 못하고 극한 분노를 일으키고 말았습니다. 이 일로 마음이 상하여 하나님과 모세를 원망하며 이렇게 말했습니다.

"백성이 하나님과 모세를 향하여 원망하되 어찌하여 우리를 애굽에

서 인도해 내어 이 광야에서 죽게 하는가 이 곳에는 먹을 것도 없고 물도 없도다 우리 마음이 이 하찮은 음식을 싫어하노라 하매"(민 21:5)

1) 하나님이 그들을 애굽에서 인도해 내어 광야에 죽게 한다고 원망했습니다. 하나님이 정말로 이스라엘을 광야에게 죽게 하려고 애굽에서 인도해 냈을까요? 오히려 하나님은 그들을 살려내시고 복된 민족을 만드시려고 인도해 내셨습니다.

2) 먹을 것도 없고 물도 없다고 원망했습니다. 그들에게는 정말 먹을 것도 물도 없었을까요? 하나님은 38년이나 그들에게 먹을 것과 마실 것을 공급하셨습니다. 그렇지 않으면 어떻게 38년이란 긴 시간을 광야에서 생존할 수 있었을까요?

3) 만나를 하찮은 음식이라며 싫어했습니다. 만나는 꿀 섞은 과자 맛이 나는 음식으로서 생존이 불가능한 광야에서 매일매일 이스라엘에게 내려준 기적의 음식입니다. 이런 기적이 하루 이틀도 아니고 38년이나 계속되니 그들은 더 이상 만나를 기적의 음식으로 여기지 않고 하찮은 것으로 여기는 죄를 범하고 말았습니다.

둘째, 원망한 자들에 대한 하나님의 대응

"여호와께서 불뱀들을 백성 중에 보내어 백성을 물게 하시므로 이스라엘 백성 중에 죽은 자가 많은지라"(민 21:6)

원망한 자들에 대한 하나님의 대응은 두 가지로 나타납니다.
1) 하나님은 하나님을 시험한 자들에게 불뱀을 보내서 물게 하셨습니다. 불뱀은 광야에서 서식하고 있는 맹독성 독사입니다. 이 뱀에 물리면 고열이 나면서 죽습니다. 하나님의 능력을 의심하고 그들을 향한 하나님의 선하신 의도를 불신했던 이스라엘 백성에게 하나님은 이와 같은 방식으로 자신의 존재를 드러내십니다.

2) 회개하는 자는 살려 주셨습니다.(민 21:7)

"백성이 모세에게 이르러 말하되 우리가 여호와와 당신을 향하여 원망함으로 범죄하였사오니 여호와께 기도하여 이 뱀들을 우리에게서 떠나게 하소서 모세가 백성을 위하여 기도하매"(민 21:7)

뱀에 물린 이스라엘 백성들은 여호와와 모세를 향하여 원망한 범죄를 인정했습니다. 이것은 죄를 회개한 것입니다. 이에 하나님은 모세에게 놋으로 뱀을 만들어 그것을 보는 자마다 살게 해 주셨습니다. 이와 같이 하나님은 회개하는 자들에게는 용서와 자비를 베푸시는 분입니다. 그러나 끝까지 자신의 잘못을 인정하지 않고 놋뱀을 쳐다보지 않은 사람들은 죽고 말았습니다.

놋뱀은 예수 그리스도를 예표합니다. 히브리어 단어들은 숫자로도 표시할 수 있는데 뱀의 히브리어 나하쉬는 숫자는 358이고 그리스도의 히브리어 메시아의 숫자도 358입니다. 그래서 뱀이 장대에 올려진 것과 예수님이 십자가에 못 박힌 사건은 동일한 의미입니다. 십자가 사건은 인류의 죄를 심판하시는 하나님의 공의와 죄를 용서하시는 하나님의 사랑이 동시에 표현된 사건입니다. 불뱀 사건 역시 하나님의 심판과 용서가 동시에 나타난 사건입니다. 하나님은 하나님을 시험한 자는 결코 용납하지 않으시는 공의의 하나님이십니다. 그러나 죄를 인정하고 회개하는 자는 치유해 주시는 사랑의 하나님이십니다. 비록 이전에 우리가 하나님과 사람을 원망하는 죄를 지었더라고 그것이 잘못임을 깨닫고 회개하면 주님은 반드시 용서해 주십니다.

우리도 하나님과 사람에 대한 원망을 멈추고 십자가 구원의 은혜를 감사하시길 바랍니다. 그러면 주께서 우리의 죄를 용서하시고 우리에게 내리신 진노를 제거해 주실 것입니다.

함께 나누기

1. 오늘 말씀 중에 가장 마음에 남는 말씀은 무엇입니까?

_____

_____

_____

_____

2. 그 말씀이 마음에 남는 이유가 무엇입니까?

_____

_____

_____

_____

3. 오늘의 말씀을 통하여 실천해야 될 사항은 무엇입니까?

_____

_____

_____

_____

한 주간의 기도 제목

나 _____

가정 _____

교회 _____

12월

새 언약의 신앙생활

선줄로 생각하는 자는 넘어질까 조심하라

시내산 언약

모압 언약

새 언약

제 49 과

선 줄로 생각하는 자는 넘어질까 조심하라

성경 : 고전 10:12절
찬송 : 85장, 276장

"그런즉 선 줄로 생각하는 자는 넘어질까 조심하라"(고전 10:12)

'서다'의 헬라어 '히스테미'는 '굳게 서다', '견고하다'의 뜻으로서 신앙이 아무런 흠 없이 온전하다는 의미입니다. '선 줄로'라는 말의 시제는 완료 시제로서 '이미 완전하게 서 있는 상태를 강조하는 표현입니다. 고린도 교회 교인들은 성경에 대한 그들의 지식과 자신의 삶이 구원을 받기에 아무런 흠이 없고 완전하다고 과신하고 있었습니다. 바울은 고린도 교인들의 이러한 교만이 얼마나 위험한 것인지를 '넘어질까 조심하라'는 말로 경고하고 있습니다. '조심하라'는 말은 현재명령형으로서 신앙인들이 일평생 동안 넘어지지 않도록 계속하여 깨어있어야 함을 강조하고 있습니다. 바울은 구약의 사건을 통해 선줄로 생각했던 사람들의 결과가 무엇인지 가르치고 있습니다.

첫째. 스스로 선 줄로 착각했던 사람들

구약에서 스스로 선 줄로 생각했던 사람은 레위 사람 고라와 루우벤 자손 다단, 아비람, 온 이었습니다. 그들은 지휘관 250명을 선동하여 모세를 반역하는 반란을 일으켰습니다. 고라는 모세의 친사촌으로서 성막 봉사와 백성의 종교 교육을 담당하는 레위인이었습니다.

고라는 사촌 간인 모세와 아론만 정치 및 종교 지도자의 자리에 서 있는 것에 불만을 품고 자신도 그 최고의 자리에 올라갈 자격이 충분히 있다고 생각했습니다. 이것은 하나님이 레위인에게 할당한 성전 봉사의 직무를 하찮은 것으로 여기고 최고 지도자의 자리를 얻고자 하는 이기심과 명예욕에 불과한 것이었습니다.

르우벤 자손들이 이 반역에 가담한 이유는 정치적 야망 때문이었습니다. 르우벤은 야곱의 장자입니다. 장자권을 중시하는 히브리 문화에서 민족의 지도자는 마땅히 르우벤 지파에서 나와야 하지만 실제로는 네째 아들인 레위 지파 소속의 모세와 아론이 이스라엘의 정치 지도자가 된 것은 하나님의 주권적 선택이었습니다. 루우벤 자손들은 언젠가는 실추된 가문의 명예와 지위를 회복하기를 노렸다가 고라 자손들과 손을 잡고 모세를 반역했습니다.

고라 자손과 르우벤 자손은 모세와 아론의 영적 권위가 인간에게서 나온 것이 아니라 하나님의 뜻이라는 사실을 망각한 채 스스로 모세의 위치에 올라가는데 전혀 문제가 없다고 여겼던 '선 줄로 생각했던 사람'들이었습니다.

그들은 모세를 대항하여 "네가 우리를 젖과 꿀이 흐르는 땅에서 이끌어 내어 광야에서 죽이려 함이 어찌 작은 일이기에 오히려 스스로 우리 위에 왕이 되려 하느냐"(민 16:13)는 망령된 말을 내뱉었습니다. 그들은 하나님이 약속하신 가나안 대신 애굽땅을 젖과 꿀이 흐르는 땅이라고 주장했으며 출애굽의 기적과 은혜를 오히려 자신들을 죽이기 위해 행한 일이라고 하나님을 모독했습니다. 이들은 자신이 얼마나 교만한지 깨닫지 못하고 스스로 선 줄로 생각했던 자들입니다.

둘째, 선 줄로 생각했던 자들에 대한 하나님의 심판

하나님은 이 교만한 자들을 향해 무서운 심판을 행하셨습니다. 땅이 갈라져서 고라와 르우벤에 속한 자손들을 삼켰으며 분향하기 위해 회막문에 서 있던 250명은 불이 내려와 불태워 죽임을 당했습니다. 불은 하나님의 맹렬한 진노를 상징합니다. 소돔과 고모라가 유황과 불에 멸망한 것은 그 당시의 죄악에 대한 하나님의 진노가 맹렬했음을 알려 줍니다. 재림 후 최후의 심판 때도 불로 심판을 할 것이라고 성경은 예언합니다. 이러한 불심판을 받지 않으려면 지금부터 하나님 앞에 겸손해야 합니다.

바울도 자기 자신이 교만으로 인해 하나님께 버림받을 것을 두려워하여 자기 몸을 쳐서 말씀에 복종시키는 삶을 살았습니다.(고전 9:27)

그러므로 우리는 그 누구도 선 줄로 생각해서는 안 되며 항상 겸손한 마음으로 하나님의 말씀에 자기 자신을 쳐서 복종시키는 삶을 살아야 합니다.

바울은 고린도 교회뿐 아니라 빌립보 교회를 향해서도 "두렵고 떨림으로 구원을 이루어가라"고 말씀하고 있습니다.

"그러므로 나의 사랑하는 자들아 너희가 나 있을 때뿐 아니라 더욱 지금 나 없을 때에도 항상 복종하여 두렵고 떨림으로 너희 구원을 이루라"(빌 2:12)

두렵고 떨림으로 구원을 이루어 간다는 것은 자기의 신앙 경력이나 체험을 자랑하지 않고 자신이 여전히 넘어질 수 밖에 없는 연약하고 부족한 존재임을 인정하며 날마다 겸손히 기도와 말씀 안에서 성실하게 신앙생활을 하는 것을 의미합니다.

'선 줄로 생각하는 자는 넘어질까 조심하라'는 명령이 바로 나에게 주시는 음성인 줄 알고 겸손히 하루하루 말씀 따라 순종하는 삶을 사는 여러분 되시기를 바랍니다.

함께 나누기

1. 오늘 말씀 중에 가장 마음에 남는 말씀은 무엇입니까?

_____

_____

_____

_____

2. 그 말씀이 마음에 남는 이유가 무엇입니까?

_____

_____

_____

_____

3. 오늘의 말씀을 통하여 실천해야 될 사항은 무엇입니까?

_____

_____

_____

_____

한 주간의 기도 제목

나 _____

가정 _____

교회 _____

제 50 과

시내산 언약

성경 : 출 24:5-6절
찬송 : 405장, 333장

"세계가 다 내게 속하였나니 너희가 내 말을 잘 듣고 내 언약을 지키면 너희는 모든 민족 중에서 내 소유가 되겠고" "너희가 내게 대하여 제사장 나라가 되며 거룩한 백성이 되리라 너는 이 말을 이스라엘 자손에게 전할지니라"(출 24:5-6)

언약은 히브리어로 '베리트'로서 '계약', '약속'의 뜻을 가지고 있습니다. 성경은 구약(옛언약)과 신약(새언약)으로 구성된 책으로서 하나님과 인간 사이에 세운 '약속'을 기록한 책입니다. 그런데 '언약을 세우다'라는 표현은 원래 '자르다' 또는 '쪼갠다'라는 뜻을 가지고 있는 히브리어 '카라트'입니다. 즉, 언약을 세운다는 말은 언약을 쪼갠다는 말로 언약의 특징을 잘 설명하는 표현입니다. 즉, 언약은 쌍방간의 '약속이행'에 대한 충성심이 절대적으로 요청되며 만약 그렇지 못하면 자신의 몸을 '자르거나' '쪼개는' 일이 일어날 것을 각오하는 것입니다. 하나님과 이스라엘 백성 사이에 맺은 최초의 언약인 시내산 언약에도 이러한 특징은 어김없이 나타납니다. 이러한 언약의 특징을 통해 하나님과 언약을 맺은 우리가 어떤 삶을 사는 것이 마땅한지를 확실히 깨닫기를 바랍니다.

첫째, 언약 백성이 누리는 세 가지 축복

1) 하나님의 소유가 됩니다.
'소유'의 히브리어 '세굴라'는 '특별한 보물'이라는 뜻으로서 언약 백성은 하나님으로부터 특별한 사랑을 받게 됩니다. 이것은 언약은 하나님의 주권적인 선택에 의해 시작된 것임을 강조하는 표현입니다. 인간의 구원은 하나님 자신의 주권적인 사랑과 선택에 의한 것이며 우리를 하나님의 특별한 보물로 여겨주시는 한량없는 은혜로부터 시작합니다. 이와 같이 우리가 하나님의 소유가 된 것은 결코 우리에게 그럴만한 자격이 있어서가 아니라 철저한 하나님의 주권적인 사랑과 은혜의 결과임을 잊지 말아야 합니다.

2) 제사장 나라가 됩니다.

원어에는 '제사장들의 나라' 로 쓰여 있습니다. 이 말은 이스라엘 백성 전체가 제사장의 사명을 갖게 된 것을 의미합니다. 즉, 이스라엘 백성은 제사장과 같이 하나님께 경배하고 백성의 죄를 위해 중보하는 사명을 소유한 민족입니다.

이러한 사명은 이스라엘 백성이 제사장이 되어서 하나님을 모르는 세계 열방을 하나님께로 이끌어 그들의 죄를 중보하는 특권을 가진 민족임을 의미합니다. 이러한 특권은 신약의 성도들에게도 허락된 것으로서 신약의 교회 역시 이스라엘 백성과 같이 제사장적 사명을 소유한 언약 백성임을 나타냅니다.

3) 거룩한 백성이 됩니다.

'거룩한' 의 히브리어 카도쉬는 '신에게 바쳐진'이란 뜻이 있습니다. 거룩한 백성이란 도덕적인 의미보다는 하나님만을 위해 존재하는, 오직 하나님의 영광을 위해서 존재하는 특별한 존재입니다. 우리도 그리스도를 통해 언약 백성이 되었습니다. 그것은 우리가 세상 사람들의 방식과는 전혀 다른 삶을 사는 것을 말하며 오직 하나님의 영광만을 위해 살아가는 특별한 존재임을 의미합니다.

둘째, 언약 백성의 의무

"세계가 다 내게 속하였나니 너희가 내 말을 잘 듣고 내 언약을 지

키면 너희는 모든 민족 중에서 내 소유가 되겠고"(출 24:5)

언약 백성의 복을 누리기 위해서는 말씀을 잘 듣고 언약을 지켜야 합니다. '잘 듣다'의 히브리어는 '샤마' 로서 듣고 순종하는 것을 의미하며 이 본문에서는 강조 용법으로 사용되어 '절대적으로 순종해야 한다'는 뜻입니다. '지키다'의 히브리어 '샤마르'는 '보존하다'는 뜻입니다. 언약 백성이 언약의 내용을 잘 보존하고 기억하면 앞에서 약속한 복이 성취되지만 만일 지키지 못하면 복을 상실합니다. 이와 같이 언약에 대한 순종 또는 불순종은 언약 백성의 삶을 복된 삶으로 인도하거나 저주로 몰아넣습니다.

셋째, 시내산 언약과 십자가 언약

"이것은 죄 사함을 얻게 하려고 많은 사람을 위하여 흘리는 바 나의 피 곧 언약의 피니라"(마 26:28)

시내산 언약은 하나님이 모세를 통해 이스라엘 백성과 맺은 언약이고 십자가 언약은 하나님이 그리스도를 통해 모든 민족과 백성과 맺은 언약입니다. 언약의 체결 시기와 대상은 다르지만 언약의 적용 원리는 동일합니다. 우리도 이스라엘 백성처럼 하나님의 무조건적인 은혜와 선택의 결과로 언약의 자리에 서게 된 자들입니다. 시내산에서는 짐승을 쪼개서 언약의 제물을 삼았지만 십자가 언약에서는 그리스도의 육신이 쪼개지셔서 언약의 제물이 되셨습니다. 이 언약의 결과 우리도 하나님의 보물과 같은 특별한 소유가 되고, 제사장 나라가 되었으며 거룩한 백성으로 구별되었습니다.

그렇다면 이제 우리는 어떻게 살아야 할까요? 우리도 그리스도의 말씀을 잘 듣고 십자가 언약을 지키는 삶을 살아야 합니다. 우리는 그리스도께 바쳐진 자들이며 오직 그리스도의 영광만을 위해 살아야 합니다. 세상적인 방법과 삶을 포기하고 전적으로 그리스도를 위해 살아가는 언약 백성이 되시기를 바랍니다.

함께 나누기

1. 오늘 말씀 중에 가장 마음에 남는 말씀은 무엇입니까?

_____

_____

_____

_____

2. 그 말씀이 마음에 남는 이유가 무엇입니까?

_____

_____

_____

_____

3. 오늘의 말씀을 통하여 실천해야 될 사항은 무엇입니까?

_____

_____

_____

_____

한 주간의 기도 제목

나 _____

가정 _____

교회 _____

제 51 과
모압 언약

성경 : 신 29:1,9절
찬송 : 337장, 347장

"호렙에서 이스라엘 자손과 세우신 언약 외에 여호와께서 모세에게 명령하여 모압 땅에서 그들과 세우신 언약의 말씀은 이러하니라."(신 29:1)

시내산 언약을 지키지 못한 출애굽 1세대는 여호수아와 갈렙을 제외하고는 모두 광야에서 멸망을 당했습니다. 그러나 하나님의 언약은 파기되지 않고 모압에서 출애굽 2세대와 다시 체결되었습니다. 모압 언약을 통해 우리가 깨달아야 할 진리가 무엇인지 함께 살펴보겠습니다.

첫째, 모압에서 언약을 다시 세우신 이유

언약은 쌍방간에 지켜질 때 효력이 유지되며 그렇지 않으면 파기됩니다. 출애굽 1세대의 불순종으로 하나님과 이스라엘 백성 사이에 세워진 시내산 언약은 파기될 위기에 놓였습니다. 그러나 하나님은 언약을 지키시는 신실하신 분이십니다.

이러한 하나님의 성품을 '헤세드'라고 합니다. '헤세드'는 신실하심과 인자하심이 결합된 단어입니다. 이스라엘의 언약에 대한 불성실과 배신에도 불구하고 하나님은 어떻게 해서든지 신실하게 언약을 유지해 나가시고 그 분의 인자하신 성품을 통해 새로운 기회를 허락하십니다.

그래서 하나님은 가나안 입성을 앞둔 출애굽 2세대와 시내산 언약이 체결된 지 40년만에 모압에서 언약을 갱신하시고 이스라엘을 하나님의 소유, 제사장 나라와 거룩한 백성이 되도록 두 번째 기회를 허락하셨습니다.

둘째, 언약 백성의 의무와 받을 복

"그런즉 너희는 이 언약의 말씀을 지켜 행하라 그리하면 너희가 하는 모든 일이 형통하리라."(신 29:9)

또 다시 언약 백성의 지위를 누리게 된 출애굽 2세대가 감당해야 할 의무는 출애굽 1세대와 조금도 다르지 않습니다. 그것은 바로 언약의 말씀을 지켜 행하는 것입니다. '지키다'는 '보존하다'는 뜻이고 '행하다'는 '일하다'는 뜻입니다. 언약 백성의 의무는 하나님의 말씀을 마음과 생각에 잘 보존하여 하나님이 원하시는 일을 하는 것입니다. '형통하다'의 히브리어 '사칼'은 '지혜롭게 행하다', '성공하다'는 뜻입니다. 언약의 말씀을 지켜 행하는 사람에게 하나님은 지혜를 주시고 모든 일이 형통하게 되는 복을 주십니다.

셋째, 언약을 잘 지키고 행하는 구체적인 방법

"오직 그 말씀이 네게 매우 가까워서 네 입에 있으며 네 마음에 있은즉 네가 이를 행할 수 있느니라."(신 30:14)

하나님의 말씀을 지켜 행하는 것은 어려운 일입니까? 그렇지 않습니다. 하나님은 **"이 말씀이 어려운 것도 아니요 먼 것도 아니라"**고 하셨습니다.(신 30:11) 그런데 왜 우리는 이 말씀을 지키는데 힘들어 합니까? 그것은 이 말씀을 입에 두고 마음에 두지 않기 때문입니다. '말씀이 입에 있다' 는 것은 입으로 말씀을 계속 고백하고 암송하는 것입니다.

여호수아 1장 8절에서 말씀하신 것처럼 **"이 율법책을 네 입에서 떠나지 말게 하고 주야로 그것을 묵상"**하면 말씀을 행할 수 있습니다. 말씀이 마음에 있다는 것은 신명기 6장 6절의 **"마음에 새기고"**와 같은 의미로서 말씀을 마음에 가득 채워 넣음으로써 말씀이 체질화, 생활화되는 것입니다. 매일 말씀을 소리 내어 고백하고 암송하며 마음에 저장해 두어서 반드시 언약을 지켜 행하며 형통한 삶을 살아가는 성도들이 되시기를 바랍니다.

함께 나누기

1. 오늘 말씀 중에 가장 마음에 남는 말씀은 무엇입니까?

_____

_____

_____

_____

2. 그 말씀이 마음에 남는 이유가 무엇입니까?

_____

_____

_____

_____

3. 오늘의 말씀을 통하여 실천해야 될 사항은 무엇입니까?

_____

_____

_____

_____

한 주간의 기도 제목

나 _____
가정 _____
교회 _____

제 52 과
새 언약

성경 : 눅 22:20절
찬송 : 304장, 260장

"저녁 먹은 후에 잔도 그와 같이 하여 이르시되 이 잔은 내 피로 세우는 새 언약이니 곧 너희를 위하여 붓는 것이라"(눅 22:20)

첫째, 새 언약이 필요한 이유

"여호와의 말씀이니라. 보라 날이 이르리니 내가 이스라엘 집과 유다 집에 새 언약을 맺으리라" "이 언약은 내가 그들의 조상들의 손을 잡고 애굽 땅에서 인도하여 내던 날에 맺은 것과 같지 아니할 것은 내가 그들의 남편이 되었어도 그들이 내 언약을 깨뜨렸음이라 여호와의 말씀이니라."(렘 31:31-32)

'언약'은 그 성취에 있어서 무조건적 보편성과 조건적 특수성이 존재한다는 사실을 지난주에 설명하였습니다. 또한 언약의 발단에 있어서는 하나님의 일방적인 선택과 사랑이 작용되지만 실천에 있어서는 쌍방간의 의무와 책임이 작용되는 성격을 갖고 있다고 설명했습니다. 이 두 언약 당사자 가운데 남편 되신 하나님은 언약에 매우 성실하신 분이십니다. 문제는 아내된 이스라엘이 지속적으로 언약을 파기하였다는 데 있습니다. 그것은 마치 결혼한 여성이 남편을 버리고 다른 남자와 간음한 것과 같은 것입니다. 언약 파기 현상은 남왕국 유다와 북왕국 이스라엘에서 동일하게 발생하였습니다. 그 결과 이스라엘과 하나님의 결혼 관계는 파기되었고 이스라엘은 버림받은 상태로 고통을 받았습니다.

그러나 언약에 신실하신 하나님은 또 다른 시대에 사람들을 세워 하나님과의 언약을 갱신하고 언약의 복을 누리도록 인도하십니다. 하나님과 인간 사이의 언약이 파기되지 않고 계속 유지 될 수 있는 길은 없는 것일까? 하나님이 약속하신 복에서 단절되지 않고 지속적으로 그 복을 누릴 수 있는 길은 없는가? 그것이 바로 새 언약이 필요한 이유입니다.

둘째, 새 언약의 제물

"저녁 먹은 후에 잔도 그와 같이 하여 이르시되 이 잔은 내 피로 세우는 새 언약이니 곧 너희를 위하여 붓는 것이라"(눅 22:20)

시내산 언약에서 하나님은 소를 제물로 바치라 하셨고 소의 피를 제단과 백성의 몸에 뿌리도록 명령하셨습니다. 모든 언약체결에는 짐승의 쪼개짐이 수반되었고 그것은 생명을 걸고 언약을 지켜야 한다는 쌍방간의 헌신을 상징하는 것이었습니다. 새 언약의 제물은 예수 그리스도 자신입니다. 예수님은 자신이 언약의 제물이 되어 영원히 파기되지 않는 언약을 우리와 체결하기를 원하셨습니다.

셋째, 새 언약의 우월성

옛 언약은 돌판에 기록했지만 새 언약은 마음에 기록합니다.
"그러나 그 날 후에 내가 이스라엘 집과 맺을 언약은 이러하니 곧 내가 나의 법을 그들의 속에 두며 그들의 마음에 기록하여 나는 그들의 하나님이 되고 그들은 내 백성이 될 것이라 여호와의 말씀이니라"(렘 31:33-34)

구약의 언약은 돌판에 기록했습니다. 구약의 패역한 백성들은 이 돌판에 기록된 언약의 말씀을 마음에 새겨 넣지 않고 문자적으로만 지키는 척 했을 뿐입니다. 입술로는 하나님을 찾되 마음은 하나님과 멀리 떨어져 있었던 것입니다.

"주님께서 말씀하신다. 이 백성이 입으로는 나를 가까이 하고 입술로는 나를 영화롭게 하지만 그 마음으로는 나를 멀리하고 있다. 그들이 나를 경외한다는 말은, 다만 들은 말을 흉내내는 것일 뿐이다."(사 29:13 새번역)

그러나 새 언약은 성령께서 직접 우리의 마음에 역사하셔서 우리의 마음을 변화시키고 하나님의 말씀을 우리의 마음속에 기록하여 그 말씀에 순종하도록 인도하십니다. 이러한 새 언약의 복은 성령을 통해 성취됩니다. 성령은 우리 안에 오셔서 예수 그리스도께서 가르치신 모든 계명을 다시 한 번 가르치시고 생각나게 하십니다.

"보혜사 곧 아버지께서 내 이름으로 보내실 성령 그가 너희에게 모든 것을 가르치고 내가 너희에게 말한 모든 것을 생각나게 하리라"(요 14:26)

히브리서는 핍박받는 히브리 기독교인들에게 예레미야 31장31-34절의 새 언약을 인용하면서 그리스도를 절대로 떠나지 말고 배교하지 말라고 전하고 있습니다. 오늘날 장기화된 코로나의 영향으로 힘든 이때에 세계의 교회와 성도들은 새 언약을 붙잡아야 합니다. 우리 안에 기록된 언약의 말씀을 의지하고 믿음을 굳건히 지켜 나가야 합니다. 그들을 향해 히브리서 기자는 다음과 같이 격려합니다.

첫째, 서로 돌아보아 사랑과 선행을 격려하라.(히 10:24)
둘째, 모이기를 폐하지 말라.(히 10:25)
셋째, 언약의 피를 부정하게 여기고 은혜의 성령을 욕되게 하는 자가 받는 형벌을 생각하라.(히 10:29)

새 언약은 마지막 언약입니다. 이 언약을 떠나면 더 이상의 소망은 없습니다. 성령의 인도하심을 따라 이 언약을 끝까지 붙잡고 승리하는 성도들이 되시기를 바랍니다.

함께 나누기

1. 오늘 말씀 중에 가장 마음에 남는 말씀은 무엇입니까?

_____

_____

_____

_____

2. 그 말씀이 마음에 남는 이유가 무엇입니까?

_____

_____

_____

_____

3. 오늘의 말씀을 통하여 실천해야 될 사항은 무엇입니까?

_____

_____

_____

_____

한 주간의 기도 제목

나 _____

가정 _____

교회 _____